LIRE LA NOUVELLE

Du même auteur

Héros d'Amérique, nouvelles, Verdier, 1985.

Jules Laforgue et l'« originalité », La Baconnière, 1988.

L'Esprit fumiste et les rires « fin de siècle », anthologie, en collaboration avec B. Sarrazin, J. Corti, 1990.

Soixante-dix célébrations, Ecbolade, 1992.

Sous la direction de DANIEL BERGEZ

LIRE LA NOUVELLE

par DANIEL GROJNOWSKI

DUNOD

En couverture
Portraits dans un bureau
(Nouvelle-Orléans), 1873 (détail).
Edgar Degas (1834-1917)
Musée des Beaux-Arts, Pau.
Ph. René Pérony © Archives Photeb.

ISBN 2-10-001492-7

Table des matières

POÉTIQUE DE LA NOUVELLE

Nouvelles commentées

ANNEXES

Avant-propos

On a appelé la nouvelle « la Cendrillon de la littérature ». C'est la fille mal aimée que les éditeurs laissent à l'abandon, au profit des sœurs aînées qui se réclament des modes du roman. Pourtant cette « délaissée » occupe toutes sortes d'espaces de la communication : elle est prisée par les magazines à grand tirage, diffusée sur les ondes, adaptée au cinéma ou à la télévision. Elle occupe également une place importante dans la presse quotidienne. Car les faits divers ressortissent à la *nouvelle* dans une acception qui associe curieusement l'information à la fiction.

La nouvelle est aussi, à notre insu, le genre parlé auquel chacun de nous recourt quand il relate à des proches, des amis, des collègues, les menues aventures (ou mésaventures) qui lui adviennent au jour le jour. Selon la belle formule de Jean-Paul Sartre « l'homme est un conteur d'histoires », et tout événement, de quelque importance ou de quelque espèce qu'il soit, fournit la matière d'un récit. La nouvelle est un genre polymorphe qui se prête à tous les avatars. Elle est, comme la citrouille de Cendrillon, un objet de métamorphoses.

Métamorphose de ses formes : trois lignes ou trente pages. Métamorphose de ses types : sentimentale, humoristique, fantastique, vouée à l'événement réel ou imaginaire, réaliste ou fantaisiste. Métamorphose de ses contenus qui varient à l'infini. Pour avoir matière à raconter, il faut que quelque chose advienne, fût-ce une modification infime d'équilibre, de relations. Dans l'univers de la nouvelle tout fait événement. Même l'absence de péripétie produit un effet, parce qu'elle trompe une attente. En troisième lieu la nouvelle vise à influer sur son lecteur de manière immédiate et intense : elle cherche à modifier sa vision, elle l'invite à considérer – à reconsidérer – les êtres et les choses, à percevoir le monde extérieur, la vie intérieure sous un jour nouveau. Disant beaucoup en peu de mots, elle se voue volontiers à la prise de conscience.

Les métamorphoses de la nouvelle rendent le genre problématique. Car, à partir du moment où elle traite les sujets les plus divers, selon des formes littéraires variées, dans quelle mesure et selon quels critères peut-on dire que le genre existe ? Nous présenterons ses avatars historiques mais aussi esthétiques. Nous nous efforcerons ensuite d'établir les caractéristiques de la nouvelle tant du point de vue des théoriciens que de l'analyse interne des textes. Non parce qu'il existerait un « modèle » défini, mais parce que les multiples formes existantes de récits autorisent à désigner les composantes propres au récit-nouvelle.

Nous en viendrons alors à l'essentiel, les œuvres des auteurs, dont nous proposerons quelques commentaires : les textes dans leur singularité ne répondent jamais exactement, on s'en doute, à la règle du jeu. Car c'est aussi par des écarts, des transgressions et des innovations qu'un genre est chaque fois réinventé par celui qui l'adopte.

Qu'est-ce
que la nouvelle ?

1. Définitions

Qu'est-ce que la nouvelle ?

Qu'est-ce qu'une nouvelle ? On ne peut évidemment « définir » un genre littéraire comme on le ferait d'une figure de géométrie. Pour s'en convaincre, il suffit de consulter différents dictionnaires de la langue, de la littérature, des encyclopédies ou des ouvrages de vulgarisation (voir nos références à la fin de ce chapitre). Le caractère instable des commentaires indique, si besoin était, qu'on ne se trouve en présence ni d'une forme fixe ni d'une formule figée. La conception de la nouvelle varie selon les époques mais également selon les esthétiques d'auteurs.

Le *Dictionnaire Robert* (t. IV, 1980) fournit cependant une description qui débroussaille le terrain. Après avoir mentionné les emplois du mot « nouvelle » (au singulier et au pluriel) dans le sens de *renseignements* ou *d'événements récents* (avoir des nouvelles de quelqu'un ; lire les nouvelles dans un journal), il le précise dans son acception littéraire (le mot est emprunté, au XVe siècle, à l'italien *novella*) :

> « Genre qu'on peut définir comme un récit généralement bref, de construction dramatique (unité d'action), présentant des personnages peu nombreux dont la psychologie n'est guère étudiée que dans la mesure où ils réagissent à l'événement qui fait le centre du récit. V. Conte, Roman. »

Suit la mention d'un certain nombre de titres et de noms d'auteurs : *Les cent nouvelles nouvelles* (1486), recueil qui contient de « nouveaux contes à plaisance », *Les Nouvelles exemplaires* de Cervantes, les *Nouvelles asiatiques* de Gobineau, les contes et nouvelles de La Fontaine, *Adolphe*, nouvelle de Benjamin Constant. Celles de Balzac, Stendhal, Maupassant.

I. Définitions

Qu'est-ce qu'une nouvelle ? On ne peut évidemment « définir » un genre littéraire comme on le ferait d'un terme de géométrie. Pour s'en convaincre, il suffit de consulter différents dictionnaires de la langue, de la littérature, des encyclopédies ou des ouvrages de vulgarisation (voir nos références à la fin de ce chapitre). Le caractère instable des commentaires indique, si besoin était, qu'on ne se trouve en présence ni d'une forme fixe ni d'une formule figée. La conception de la nouvelle varie selon les époques mais également selon des esthétiques d'auteurs.

Le *Dictionnaire* Robert (t. IV, 1980) fournit cependant une description qui débroussaille le terrain. Après avoir mentionné les emplois du mot « nouvelle » (au singulier et au pluriel) dans le sens de *renseignements* ou d'*événements récents* (avoir des nouvelles de quelqu'un ; lire les nouvelles dans un journal), il le présente dans son acception littéraire (le mot est emprunté, au XVIe siècle, à l'italien *novella*) :

> « Genre qu'on peut définir comme un récit généralement bref, de construction dramatique (unité d'action), présentant des personnages peu nombreux dont la psychologie n'est guère étudiée que dans la mesure où ils réagissent à l'événement qui fait le centre du récit. V. Conte, Roman. »

Suit la mention d'un certain nombre de titres et de noms d'auteurs : *Les cent nouvelles nouvelles* (1486), recueil qui contient de « nouveaux contes à plaisance ». Les *Nouvelles exemplaires* de Cervantes, les *Nouvelles asiatiques* de Gobineau, les contes et nouvelles de La Fontaine, *Adolphe*, nouvelle de Benjamin Constant. Celles de Balzac, Stendhal, Maupassant.

Deux composantes principales ressortent de cette présentation, deux composantes que les avatars historiques et les variations formelles font apparaître comme définitoires.

– « **Récit** », « **action** » désignent la mise en œuvre d'une histoire. En ce sens la nouvelle s'apparente à d'autres récits comme la légende, l'épopée, le roman ou la fable. Un événement est relaté (c'est l'« histoire ») et il revient à un narrateur d'en rendre compte :

$$\text{Récit (nouvelle)} = \frac{\text{histoire}}{\text{narration}}$$

En fait, une multiplicité de termes désignent toutes les sortes de récits brefs : conte, histoire, fable, apologue, anecdote, moralité, cas (« L'étrange cas… »), exemple, aventure, scène (« Scène de la vie… »), etc.

– **Récit bref**. La nouvelle est également caractérisée par la simplicité de sa « construction dramatique ». Cette description associe la longueur matérielle (évaluée en nombre de pages) aux composantes de l'histoire dont on peut également inventorier le nombre d'épisodes ou de personnages. Il apparaît alors que la concision rend manifeste le parti pris de dépouillement, que la nouvelle, *forme brève*, est également une *forme simple*.

On voit qu'elle se définit moins par des types de sujets que par une manière de les relater. Elle peut aussi bien s'attacher à un événement anodin ou décisif que résumer, évoquer en quelques pages une existence entière, voire une succession de destins. Une journée, quelques instants dans le premier cas, l'échelle de la longue durée dans le second. Chaque fois, quel que soit le contenu de l'*histoire*, le narrateur prend le parti de l'insérer dans un cadre qui impose un temps de lecture limité. La nouvelle est vouée à la concision, elle relate les événements tambour battant, à moins qu'elle ne se consacre à l'observation d'un moment choisi.

1. La nouvelle et le conte

Telle que nous la connaissons aujourd'hui en France, la nouvelle est tributaire d'avatars antérieurs dont elle semble avoir conservé le souvenir intermittent. Presque toujours l'action se limite à un événement unique. Mais par ailleurs diverses variables apparaissent. Parfois l'accent est mis sur la vraisemblance de l'histoire. La nouvelle s'oppose alors au « conte » merveilleux destiné aux enfants : Marcel Aymé leur destine ses *Contes du chat perché* mais il écrit *Le Passe-Muraille* pour des adultes...

Parfois l'accent est mis sur le caractère oral du récit qui est raconté soit à la première personne, soit par l'intermédiaire d'un personnage mis en scène dans un premier temps. Quelques références historiques permettent de discerner la lignée de ces différentes traditions.

La nouvelle de la Renaissance est un genre indépendant du récit long. Elle inscrit le plus souvent l'aventure qu'elle relate dans le contexte de la vie ordinaire. Elle connaît un grand succès de la librairie du temps (*Parangon de nouvelles honnestes et délectables*, 1531). Mais le genre hérite de toutes sortes de récits brefs qui sont originellement racontés oralement. Ce sont des fabliaux, des épisodes disposés en récits de geste (*Le Roman de Renart*) ou encore des récits en vers comme ceux qu'on doit à Marie de France : *Les Lais*.

Le lai était au Moyen Âge un poème narratif ou lyrique. Marie de France (XIIe s.) en a composé une douzaine qui empruntent la forme de récits. Les péripéties en sont parfois nombreuses – « Le laostic » (« Le rossignol »), « Les deux amants » – et les sujets puisés dans un fonds légendaire, la matière de Bretagne. Le lai le plus bref du recueil illustre ce qu'on peut considérer comme une nouvelle, rédigée bien avant que cette appellation ait existé. « Le chèvrefeuille » relate un épisode des amours de Tristan et Yseut.

Marie de France - « Le chèvrefeuille »

Séparé de celle qu'il aime, Tristan vit en Cornouailles, dans une forêt où des paysans pauvres l'hébergent. Il apprend que le roi Marc et la reine doivent se rendre à Tintagel et pour cela traverser la forêt. Connaissant le chemin qu'empruntera Yseut, il inscrit son nom sur une plaquette de bois qu'il fixe dans l'entaille d'une branche de coudrier. Puis il plante celle-ci sur le bord du chemin.

Lorsque la reine aperçoit le bâton et qu'elle lit le nom de Tristan, elle fait arrêter son escorte. Elle va à l'écart, accom-

pagnée de sa fidèle servante, et rencontre Tristan. Celui-ci lui dit qu'il ne peut vivre sans elle. Leur couple est semblable au chèvrefeuille qui enlace la branche du coudrier : si on les sépare l'un de l'autre, ils ne peuvent survivre.
Pour commémorer ce moment de retrouvailles, Tristan a composé « un nuvel lai » :

« *Chevrefoil* le nument Franceis.
Dit vus en ai la verité
Del lai que j'ai ici cunté. »

(« Les Français le nomment "Le chèvrefeuille". / Je vous ai donné la signification / Du lai que je vous ai raconté »).

En quoi ce récit correspond-il à la configuration de ce qu'on appelle aujourd'hui une « nouvelle » ? En premier lieu il se limite à la donnée d'un épisode unique et il se clôt sur lui-même sans laisser attendre une suite. En second lieu, tout en présentant des personnages légendaires, il rapporte un événement ordinaire, la rencontre de deux amants qui ne peuvent vivre leur désir au grand jour. Enfin, à l'économie des moyens mis en œuvre (le récit comporte moins de cent vingt octosyllabes) correspond une grande intensité de l'effet produit. La branche de coudrier est à la fois indice d'une présence (Tristan caché dans les parages) et symbole d'une séparation douloureuse, peut-être irrémédiable. À la fin du « lai », le narrateur livre à son lecteur le sens de l'histoire et de l'objet qui donne son titre au récit.

En fait, depuis le Moyen Âge la notion d'événement nouveau est associée à celle de récit bref. Dans un autre lai de Marie de France, « Yonec », le mot *novele* est employé dans l'acception particulière de *récit de l'aventure* :

« Quant la dame oï la novele
a haute voiz sun fiz apele. »

(« Quand la dame entendit la nouvelle / Elle appela son fils »).

Ainsi, en France, depuis huit siècles, le mot *nouvelle* s'est perpétué, ce qui explique que le *récit bref* est désigné par un mot dont le champ sémantique recouvre de manière inadéquate celui de la *nouveauté*. Plus rigoureux que le Français, l'Anglais parle de *short story*, l'Allemand de *Kurzgeschichte*.

Pour les historiens de la nouvelle, *Le Décameron*, œuvre du XIVe siècle, constitue la référence canonique. L'*incipit* de l'ouvrage explique au lecteur le titre, la forme et le contenu. Mais surtout il donne au genre son nom de baptême :

> « Ici commence le livre appelé Décaméron, dans lequel sont rassemblées cent nouvelles racontées, en dix jours, par sept femmes et trois hommes. »

En France, *Le Décaméron* est imité au XVIe siècle par Marguerite de Navarre : *L'Heptaméron* rassemble une série d'histoires également intégrées dans un cadre commun (récits dits « encadrés »), celui d'un groupe de personnes qui racontent, chacune à son tour, des aventures galantes, émouvantes ou piquantes.

Le genre de la « leçon » peut s'agréger à ces récits pour les constituer en histoires « exemplaires ». Jules Laforgue s'en souviendra, qui intitule un recueil de récits fantaisistes *Moralités légendaires* (1887) ; mais aussi bien des nouvellistes contemporains qui illustrent parfois – au moins implicitement – une thèse ou des vérités générales de portée « philosophique » (voir D. Buzzati, *Le K*, 1967).

Toutefois la nouvelle ne se confond jamais avec le *conte* destiné aux enfants. Celui-ci est en effet voué à une logique que gouverne la formule consacrée : « Il était une fois ». Si les appellations *conte* et *nouvelle* peuvent paraître parfois interchangeables au XIXe et au XXe siècles, encore faut-il préciser que le merveilleux enfantin (Perrault, Grimm, la comtesse d'Aulnoy) ne recouvre pas les catégories propres aux différents modes du récit bref destiné aux adultes.

Récit raconté, la nouvelle comporte fréquemment des marques d'oralisation. Il arrive encore aujourd'hui que des auteurs, et non des moindres, recourent à cette convention. Marguerite Duras dans les premières lignes du « Navire Night », ou Jorge Luis Borges, non sans ironie, au début de « L'intruse » (*Le Rapport de Brodie*) :

> « On dit (mais c'est peu probable) que cette histoire fut racontée par Eduardo, le cadet des Nelson, à la veillée funèbre de Cristián, l'aîné [...]. »

De là aussi l'équivalence entre les termes de nouvelle et de conte : *Contes de la bécasse* de Maupassant ; *Contes d'hiver* de Karen Blixen. Selon Maupassant, les cinq écrivains naturalistes réunis autour de Zola (Huysmans, Céard, Hennique et Maupassant lui-même) ont eu l'idée du recueil de nouvelles *Les Soirées de Médan* (1880) après que le maître leur eut raconté un épisode de la défaite infligée en 1871 par les Prussiens aux Français :

> « On alla s'asseoir et, dans le grand repos des champs assoupis, sous la lumière éclatante de la lune, Zola nous dit cette terrible page de l'histoire sinistre des guerres qui s'appelle : "L'attaque du moulin."
>
> Quand il eut fini, chacun s'écria : "Il faut écrire cela bien vite." Lui, se mit à rire. "C'est fait." »

G. de Maupassant, « Comment ce livre a été fait », *Le Gaulois,* 17 avril 1880 (cité dans l'édition de C. Becker des *Soirées de Médan,* Le Livre à venir, 1981, p. 295).

2. La nouvelle et le roman

Reste à déterminer ce qu'on entend par « récit bref ». La désignation recouvre en effet aussi bien l'histoire drôle (les recueils de blagues présentent de véritables « récits ») que le fait divers ou la nouvelle littéraire de plus longue haleine : le volume intitulé *Le Duel et autres nouvelles*, de Tchekhov, comporte cinq titres et compte près de cinq cents pages. Là encore une référence à l'histoire du genre permet de comprendre pourquoi le dictionnaire ménage une part d'indétermination en indiquant que la nouvelle est un récit « généralement bref ».

La plasticité de la notion de « brièveté » a de quoi déconcerter : d'une part certains auteurs se plaisent à raconter des histoires qui tiennent en quelques lignes, voire en une seule phrase. Ce que fait Jacques Sternberg dans ce « Conte froid » :

> *La politesse*
>
> Il était tellement bien élevé, qu'avant d'entrer dans sa mort, il fit passer sa femme devant lui.

J. Sternberg, *Contes glacés,* Marabout, 1974.

D'autre part des écrivains utilisent au XIXe siècle l'appellation « nouvelle » pour nommer ce que nous désignerions aujourd'hui d'un autre terme. « Nouvelle », pour Chateaubriand, *Les Aventures du nouvel Abencérage*, qui nous paraissent former un « récit » de soixante pages environ. Dans l'« Avertissement » de *La Chartreuse de Parme*, ce long roman de plus de cinq cents pages, Stendhal use à plusieurs reprises d'un terme qui surprend. Passant par Padoue, il s'est fait raconter l'histoire de la duchesse Sanseverina :

> « C'est dans l'hiver de 1830 et à trois cents lieues de Paris que cette nouvelle fut écrite [...]. Je publie cette nouvelle sans rien changer au manuscrit de 1830. »

De même, Mérimée dira de *Colomba* : « Mon roman ou plutôt ma nouvelle » pour désigner un récit de cent quatre-vingt pages. En 1852, Théophile Gautier recueille en un volume intitulé *Nouvelles* neuf récits de dix à cent cinquante pages. Certains comportent six chapitres (« La Toison d'or ») ou vingt-six (« Fortunio ») ! Mais alors que Stendhal insiste sur la véracité des faits rapportés, Théophile Gautier s'exerce sans réserves à la fantaisie, à ce qu'il appelle l'« histoire rococo » (c'est le sous-titre d'« Omphale ») ou au fantastique (« La Morte amoureuse »). Là encore quelques références à l'histoire de la nouvelle permettent d'interpréter ces aléas : les discordances entre les désignations et l'objet traduisent un certain nombre d'hésitations.

Au XVIIe siècle les frontières entre roman et nouvelle tendent à s'estomper. Madame de Villedieu fait paraître en 1669 *Cléonice ou le Roman galant, nouvelle*. Les romans comportent fréquemment des nouvelles enchâssées, procédé qu'on retrouve à des époques diverses comme le montrent les exemples de *La Mort du roi Artu* (XIIe siècle), *Jacques le fataliste et son maître* (Diderot). En fait, les auteurs et les théoriciens se tournent vers un genre qui échappe aux abus des romans précieux. Ceux-ci se plaisent alors à mettre en scène des héros déguisés à l'antique ou à la bucolique, et à relater leurs aventures sentimentales en d'interminables péripéties (H. d'Urfé, *L'Astrée*, 1607-1627).

On prend donc le parti de rompre avec les abus du romanesque, avec des développements aussi proliférants qu'artificiels. On s'inspire aussi des récits venus d'Espagne dont les héros sont souvent des personnes ordinaires :

> « On a composé plusieurs histoires détachées qu'on a appelées des nouvelles ou des historiettes. »
>
> Charles Sorel, *Nouvelles françoises*, 1623.

Cette hostilité aux « immenses romans » continue de s'affirmer tout au long du XVIIIe siècle. Feutry caractérise ainsi son *Choix d'histoires* (1753) : « Ces narrations sont courtes, variées, et tout à fait indépendantes les unes des autres. »

Au XIXe siècle, par souci de renforcer l'effet de réalité, les auteurs s'inspirent volontiers du fait divers journalistique, ils recourent aussi à la médiation d'un narrateur informateur. Mais les variations d'appellations subsistent (« conte », « aventure », « récit »). La nouvelle présente une extraordinaire variété qui exclut toute conformité à un modèle précis. La coloration réaliste ne représente qu'une formule parmi d'autres qui sont notamment fantastique (T. Gautier, P. Mérimée), fantaisiste (J. Laforgue, A. Allais) ou symbolique (Villiers de l'Isle-Adam, M. Schwob).

Toutefois, loin d'exprimer une dérive anarchique, ce foisonnement témoigne du florissement d'un genre à son apogée. Car la nouvelle trouve alors un support qui assure aux auteurs une juste rémunération et un public assidu. Si elle traite tous les sujets en empruntant toutes les formes et tous les tons, elle précise ses normes quantitatives du fait qu'elle devient pour l'essentiel *un récit de presse*. Elle se soumet aux impératifs de l'institution journalistique, car les auteurs écrivent pour des quotidiens, des hebdomadaires, des revues.

Dès lors les nouvelles modernes se déterminent par leur support. Avant d'être éventuellement assemblées en recueils, elles sont destinées à toutes les sortes de publications périodiques. Les revues littéraires disposent d'espaces plus importants et plus souples que la presse quotidienne. Leur public supporte aussi plus facilement la fragmentation d'un récit dans plusieurs numéros. En revanche, les lecteurs de la presse quotidienne souhaitent lire un récit complet, l'indication « à suivre » est réservée à la longue durée du roman découpé en « feuilleton ».

La nouvelle doit donc à la presse la configuration ramassée qui lui confère son identité. On en viendra à des commandes précises signifiées en nombre de signes typographiques ou de feuillets dactylographiés. Citons le cas exemplaire de Dino Buzzati qui a d'abord publié ses nouvelles dans la page littéraire d'un journal italien. Elles devaient y occuper deux colonnes dans un espace réservé à des chroniques, des notes, des éditoriaux (les journalistes appelaient cette case réservée « Elzeviri », du nom d'un célèbre imprimeur hollandais). Ces nouvelles ont été reprises par la suite en volume. Dans « Le Livre de poche » chaque nouvelle du *K* occupe une moyenne de huit pages (de six à dix) soit environ dix mille signes.

Alors que la nouvelle se distingue du conte merveilleux par son public, elle se distingue du roman par le nombre d'éléments qu'elle met en œuvre. On peut certes, par gageure, exploiter un minimum de personnages et de péripéties dans l'espace d'un roman de trois cents pages : il en va ainsi pour les seize chapitres d'*À rebours* de Joris Karl Huysmans, dont le personnage unique décide de s'isoler du monde. Et on peut, inversement, imaginer un récit de quelques pages où prolifèrent les personnages et leurs relations (D. Sallenave, « Le congrès », *Un Printemps froid*, 1983). Mais ces exceptions tranchent avec un usage ordinaire où s'opposent de manière toute mécanique (car déterminée par le support) longueur et brièveté.

Le roman orchestre un nombre important de personnages qui s'associent ou s'affrontent en déterminant une action dont les réseaux et les péripéties s'entremêlent à plaisir (J. Dos Passos, *Manhattan transfer*). Selon la même logique le chronotope du roman (ses références temporelles et spatiales) est d'une extension tout à fait vaste et flexible. *L'Éducation sentimentale* de Flaubert s'étend sur dix-sept années et introduit le lecteur dans une multiplicité de milieux parisiens : le monde des artistes, des femmes galantes, des gens du monde, des révolutionnaires, etc.

En revanche, la nouvelle limite le nombre des personnages, des événements, des données spatio-temporelles : un ou deux lieux, par exemple, considérés dans la logique d'une seule séquence temporelle. Vingt-quatre heures pour l'équipée des prostituées de « La Maison Tellier », qui délaissent la ville de Fécamp pour assister dans un village de l'Eure à une première communion. Quelques heures dans « Le verdict » de Kafka où, après avoir écrit une lettre à un ami, le héros se rend dans la chambre de son père.

> « La matière de l'un et de l'autre est trop différente. Celle de la nouvelle est épisodique, celle du roman est une suite d'épisodes. Cet épisode que la nouvelle se propose de peindre, elle le détache, elle l'isole. Ces épisodes, dont la suite fait l'objet du roman, il les agglutine, il les relie. Il procède par développements, la nouvelle par concentration [...]. Elle est un solo. Le roman est une symphonie. »
>
> Paul Bourget, *Études et portraits*.

Tout en rappelant qu'il n'existe pas de frontière stricte entre les différents types de récits, un critique contemporain (Hans

Boll-Johansen, voir la bibliographie à la fin de ce chapitre) s'est efforcé de mettre en parallèle les distinctions fondamentales entre le roman et la nouvelle. Il oppose terme à terme les personnages, l'action, l'espace et le temps dans ces deux sortes de récits. Chacun des niveaux observé révèle une spécificité de la nouvelle : unicité de l'événement, rapidité de l'action, fixité des personnages, économie référentielle. D'où le tableau synoptique qu'il propose et dont nous nous inspirons ici :

	Forces	Temps	Personnages	Espace
Roman	plusieurs	lent	- nombreux - développement psychologique	plusieurs lieux
Nouvelle	un seul couple	rapide	- peu nombreux - constance psychologique	un seul lieu

N.B. : ce tableau distingue les « forces » agissantes et les « personnages » qui peuvent être des personnages secondaires ou de simples comparses. Par exemple, dans « Boule de Suif » de Guy de Maupassant, des forces diverses (l'intérêt, le patriotisme, la couardise) incitent les personnages à quitter Rouen. Parmi les personnages secondaires de cette nouvelle : l'aubergiste et sa femme, le couple Follenvie.

3. Le problème du « genre »

Héritée de l'Antiquité (*La Poétique* d'Aristote) et reconduite par l'esthétique ou la critique des temps modernes (de Hegel à Brunetière), la notion de genre, et notamment de genre littéraire, est utilisée aujourd'hui pour classer les textes et en distinguer les différents types. Ainsi, dans les bibliothèques, regroupe-t-on les romans, les essais, la poésie ou encore les ouvrages d'histoire, de philosophie, etc. De la même manière catalogues ou programmes de films usent d'appellations communément admises : comédie, comédie musicale, policier, western, science-fiction et ainsi de suite.

En France, jusqu'à l'avènement de l'histoire littéraire, à la fin du XIXe siècle, l'enseignement des Belles-Lettres a longtemps organisé le trésor de la littérature en formes et en genres : la prose et la poésie d'une part, et d'autre part les types d'écrits qui pouvaient être rédigés aussi bien en prose qu'en vers : « narrations », « descriptions », « fables », « lettres », par exemple. À vrai dire, si la notion de genre n'a cessé de rendre compte du paysage varié des ouvrages de toutes sortes, elle apparaît à la fois comme évidente et floue : ce qu'il faut avoir présent à l'esprit lorsqu'on aborde le domaine de la nouvelle.

Benedetto Croce, théoricien italien de l'esthétique, se moquait de la notion de genre qu'il jugeait inadéquate à l'objet littéraire : « Affirmer qu'un livre est un roman, une allégorie [...] revient, plus ou moins, à dire que sa couverture est jaune. » Autrement dit, l'individualité de l'écrit l'emporte sur son appartenance générique. En termes de textes, il n'existerait que des actes de communication. Revendiquée pour la première fois au XVIe siècle par les écrivains de la Pléiade, l'étiquette générique permet de classer les ouvrages sans toutefois rendre compte de leur spécificité.

Les théoriciens du langage considèrent cette notion avec réserve, affirmant que chaque genre littéraire en englobe plusieurs : la nouvelle peut se présenter en effet sous forme de fable, de lettre, de poème en prose, etc. Les hésitations terminologiques (nouvelle, conte, récit...) manifestent ce caractère « hypertextuel » de tout écrit littéraire. « Un cœur simple » de Flaubert est l'un des *Trois contes* d'un recueil de récits pénétrés à la fois de réalité, de symboles, de légendes ou d'histoires – et qui comportent toutes les sortes de développements : dialogues, descriptions, réflexions. Bref, la notion du « genre » est indistincte, à proprement parler indéfinissable, et on ne peut se risquer à caractériser ce que recouvrent des appellations courantes comme « poème » ou « nouvelle » (Jean-Marie Schaeffer : *Qu'est-ce qu'un genre littéraire ?*, Le Seuil, 1989).

Toutefois l'évidence du genre s'impose aux auteurs qui, bien souvent, écrivent tour à tour des romans et des nouvelles (Le Clézio, pour ne citer qu'un exemple), à moins qu'ils ne se sentent plus à l'aise dans un genre particulier : Claude Pujade-Renaud (*Les Enfants des autres*, Actes Sud, 1985) est une nouvelliste, pas une romancière. Dans certains cas le genre révèle un écrivain à lui-même : quand on parcourt les œuvres d'un Maupassant, d'un Cortázar, on est en droit de considérer que la veine « nouvelle » leur a réussi et a porté leur talent à son point d'excellence.

L'évidence du genre s'impose aussi aux éditeurs qui ne publient qu'avec parcimonie des recueils, en donnant leur préférence à des plumes connues de romanciers ou d'essayistes afin de cautionner un type d'ouvrages difficiles à vendre. Car la nouvelle attire moins de lecteurs que le roman ou la biographie. Si bien que les éditeurs oublient fréquemment d'indiquer le genre du titre (de la même manière Jean-Paul Sartre avait voulu désigner *La Nausée* du terme « récit », auquel son éditeur substitua l'appellation « roman », plus aguichante). Pour nous en tenir à quelques publications récentes, ni la réédition de *Paroles de laine* (J.-L. Trassard, « L'Imaginaire », Gallimard, 1989, première édition en 1969), ni la publication d'un choix de traductions intitulé *New York à la lueur d'un feu de bois* (O. Henry, Clancier-Guénaud, 1988), ni le volume *Quelque chose de la vie* (A. Saumont, Seghers, 1991) ne portent mention sur leur couverture du label générique qui s'impose. Comme si la nouvelle devait se présenter au grand public sous une forme camouflée.

L'évidence du genre apparaît enfin au lecteur qui aime ou n'aime pas la nouvelle, qui repère ou non les meilleurs auteurs, les revues, les collections spécialisées, qui s'intéresse ou non à la défense et illustration d'un genre qu'on juge tantôt méconnu, tantôt mésestimé. Le plaisir de plonger dans les eaux d'un roman-fleuve diffère de celui qu'éprouve l'amateur de nouvelles. Voyage au long cours dans le premier cas et cabotage dans l'autre. Mais le même lecteur peut demander à la fiction des expériences dissemblables.

En même temps qu'est perçue l'existence du genre, apparaît la difficulté d'en discerner les traits qui lui seraient spécifiques. Car la nouvelle ressortit à des espèces extrêmement variées qui l'empêchent de se conformer à une formule : on ne peut parler d'elle comme on le ferait du sonnet qui associe la poésie régulière à un nombre déterminé de strophes dans le cadre d'une forme fixe historiquement datée. Il existe des nouvelles réalistes ou fantastiques, policières (C. Doyle, *Les Aventures de Sherlock Holmes*) ou de science-fiction (R. Bradbury, *Chroniques martiennes*). La liste pourrait être aisément prolongée : nouvelles humoristiques, nouvelles du terroir, nouvelles sentimentales chères à la presse du cœur.

En fait, la nouvelle comporte autant de variétés que le roman, qu'on peut appeler un « genre omnigenre », tant il recouvre d'espèces. À cette diversité des appartenances s'ajoute celle des modes d'expression ou des types d'écriture. En effet, le poème en prose, le récit policier utilisent une gamme de styles en même temps qu'ils en excluent d'autres. Le fait divers journalistique ne se développe pas par échanges dialogués comme les textes destinés à l'interprétation scénique. En revanche, l'appellation « nouvelle » peut recouvrir tous les modes d'expression possibles, revêtir l'apparence du monologue comique, du journal intime ou du récit légendaire.

On suivra sur ce point les sages recommandations de R. Godenne qui s'interdit toute « définition » posée *a priori* :

> « Étudier la nouvelle [...] c'est d'abord préciser le cadre dans lequel se déroule son évolution à travers les siècles depuis le moment où elle est apparue, jusqu'à nos jours ; c'est ensuite se pencher sur les différentes conceptions qui se sont succédé, s'interroger sur leur valeur respective, puis finalement essayer de voir si, par rapport aux autres formes de récits brefs et longs, il n'y aurait pas *une* conception qui exprimerait la spécificité de cette forme particulière qu'est la nouvelle. »
>
> *La Nouvelle française*, PUF, p. 13-14.

Pour inconfortable qu'elle soit, cette instabilité – et l'imprécision qui en résulte – incite à une exploration qui ne s'encombre pas de préjugés. S'il existe toutes sortes de nouvelles, on comprend qu'inversement des « nouvelles » se trouvent incluses dans toutes sortes de formes littéraires. Poème en prose, « Le mauvais vitrier » de Baudelaire (*Le Spleen de Paris*) peut être lu également comme un bref récit. On peut de même isoler un épisode de roman pour le constituer en unité autonome, par exemple le célèbre passage des comices agricoles de *Madame Bovary* (deuxième partie, chapitre VIII), de la présentation – « Il y eut une agitation sur l'estrade [...] » – à la remise des récompenses : « Ainsi se tenait, devant ces bourgeois épanouis, ce demi-siècle de servitude. » Dans cet extrait, les discours pompeux des officiels alternent avec le dialogue passionné de deux auditeurs, tandis qu'est évoquée une existence consacrée aux tâches les plus humbles. Le *Journal* de Kafka comporte d'innombrables récits qu'on peut sans arbitraire assimiler aux nouvelles qu'il a publiées comme telles de son vivant.

Entre des caractéristiques qui la fixent sans la figer, des avatars qui la font apparaître en des lieux, sous des aspects inattendus, et les écrits des auteurs qui sans cesse la rénovent, la nouvelle est nécessairement affectée d'un coefficient d'indétermination. Elle n'en demeure pas moins toujours *un récit bref destiné à des lecteurs adultes.*

Le plus simple est de clairement distinguer ce qui relève de la *forme* du récit bref et ce qui relève de *modes* variables qui exploitent des contenus de toutes sortes.

– **Récit bref**, la nouvelle peut compter quelques lignes, quelques pages, ou même quelques dizaines de pages. Plutôt que de brièveté, sans doute doit-on parler de concentration, d'économie de moyens ou d'unité d'ensemble. La « poétique » de la nouvelle (cf. deuxième partie) éclaire les effets de la concision par l'étude des techniques et de la mise en forme.

– **Récit « vrai »**, la nouvelle emprunte volontiers les voies du réalisme sans qu'on puisse toutefois la réduire à ce qui ne représente qu'un type de récit parmi d'autres : elle transmet fréquemment une « vérité » par des voies fabuleuses et, de fait, tous les « sous-genres » lui sont possibles.

Si les modes et si les dénominations varient, l'objet désigné demeure relativement stable, eu égard à la diversité des époques et des milieux concernés : tous les aléas de la nouvelle doivent être considérés comme les avatars d'une *unité de narration.*

LECTURES CONSEILLÉES

Sur la nouvelle

1. Ouvrages de référence

BONCENNE P.,
« La nouvelle », *La Bibliothèque idéale*, Albin Michel (choix de titres : la nouvelle en 49, 25 ou 10 livres).

ÉTIEMBLE R.,
« Problématique de la nouvelle », *Essais de littérature (vraiment) générale*, Gallimard, 1975.

ÉTIEMBLE R., FONYI A.,
Deux études (dont une sur la nouvelle en Europe) pour l'article « nouvelle » de l'*Encyclopaedia Universalis*.

SIMONIN M.,
Article sur la nouvelle, *Dictionnaire de la littérature*, Bordas.

2. Revues

MONTFORT B.,
« La nouvelle et son mode de publication », *Poétique*, n° 90, avril 1992.

VOISINE J.,
« Le récit court, des Lumières au Romantisme (1760-1820) », *Revue de littérature comparée*, janvier-mars 1992 et mars-avril 1992.

Sur le genre littéraire

COMBE D.,
Les Genres littéraires, Hachette, 1992.

La Licorne, « Dynamique des genres », n° 22, 1992.

SCHAEFFER J.-M.,
Qu'est-ce qu'un genre littéraire ?, Le Seuil, 1989.
« Les genres littéraires », *Grand Atlas des Littératures*, Encyclopaedia Universalis, 1990.

DOCUMENT

Sur la nouvelle

MICHEL BRAUDEAU[1]

À propos de deux recueils : *Le Prix de l'amour*, Michel Déon, Gallimard, 1992 et *Les Ingénus*, Félicien Marceau, Gallimard, 1992, voici l'extrait d'un compte rendu de Michel Braudeau.

On ne voit pas ce qui pourrait contrer l'essor prochain d'un genre que l'on croyait en désuétude, du moins assez mal aimé en France, la nouvelle. Elle correspond admirablement à notre mode de vie comprimé et à notre civilisation télévisée. Et elle arrange tout le monde (à condition que l'éditeur y trouve son compte, ce qui dépend de l'essor que nous appelons de nos vœux, précisément). Pour l'auteur, la nouvelle est une aubaine. Elle lui évite ces longues agonies qui accompagnent la ponte des romans, ces nuits banches interminables, ces terribles nausées qui surviennent à mi-parcours, au moment où il regarde le chemin accompli avec un léger dégoût et la route en avant avec appréhension, ces humeurs désespérées ou frénétiques qui lui aliènent parfois durablement l'estime et la présence de son entourage.

Le roman est coûteux, dans sa forme classique. Nous ne parlons pas des modèles déstructurés et liophylisés à la Beckett. D'ailleurs, c'est par une pointe d'humour bien irlandais que le grand Sam nommait romans ses ballets de fantômes exténués. Non, le vrai roman, de Cervantes à Kafka, de Balzac à Marquez, demande des investissements considérables. Il faut des paysages avec climat variable, accidents de terrains, villages ou villes, animaux, véhicules. Il faut des intérieurs avec des meubles, parfois beaucoup de meubles, voyez Balzac, tout cela n'est pas donné, même si l'écrivain paie en monnaie de singe, c'est un privilège qui fatigue un peu. Le moindre détail doit être « raccord » comme on dit au cinéma. Si la marquise sort à cinq heures, elle ne peut pas être rentrée avant un bon moment. Si elle porte une robe de soie rose, elle doit revenir dans la même robe rose, ou alors il faut expliquer pourquoi elle en a changé (achat, visite à une amie, un amant, etc.), et si elle a trois enfants, comptez trois couverts de

1. Critique littéraire au *Monde*, M. Braudeau a publié aux éditions du Seuil plusieurs romans dont un important volume : *L'Objet perdu de l'amour* (1988). (Nous remercions M. Braudeau et *Le Monde* de nous avoir autorisé à reproduire cet article.)

plus à table, pas un de moins. Il faut avoir l'œil à tout.

[...]

La nouvelle voyage léger, ce qui ne veut pas dire court. Elle prend moins de mots, c'est un raccourci vers le cœur.

[...]

La nouvelle suggère, laisse beaucoup de blanc, de marge, que le lecteur comble à son gré. C'est pourquoi les cinéastes la préfèrent au roman pour la porter à l'écran. Ils ont les coudées plus franches. Avec une dizaine de pages de Cortázar (*Les Fils de la Vierge*), Antonioni réalise *Blow up*. Avec Proust, on n'a jamais rien fait de bon. Le lecteur, quant à lui, s'il achète toujours de gros pavés avant de prendre le chemin de la plage, les lit-il en entier ? Il faut l'admettre, le lecteur n'est plus tout à fait l'homme fringant, attentif et persévérant qu'il fut jusqu'au milieu du siècle qui s'effondre.

[...]

La nouvelle est l'aliment idéal. Amère ou sucrée, on peut la consommer en attendant une émission, un match. Comme il y a toujours une idée dans une nouvelle digne de ce nom, on la trouve plus facilement qu'une fève au moment des Rois, et cela donne une agréable et rafraîchissante sensation d'intelligence. Enfin, puisque par définition un recueil en comporte plusieurs, on vit comme dans le poste merveilleux, on échange un baril de littérature contre cinq ou dix pour le même prix. Il faudrait être fou pour ne pas sauter sur l'occasion.

Le Monde
« Le monde des livres », vendredi 22 mai 1992.

II. Théories et esthétique de la nouvelle

En cherchant à caractériser le genre littéraire, on postule, sans toujours s'en rendre compte, qu'on peut ignorer les conditions matérielles qui en assurent le succès, ou du moins la diffusion. Cette conception « essentialiste » n'est pas sans intérêt, pour peu qu'on en corrige l'arbitraire. Elle postule une qualité inhérente à des types de texte, et du même coup, elle peut influer sur leur appréhension. Tout comme le mot « nouvelle » a pu contribuer à créer un objet littéraire singulier, les théories de la nouvelle construisent à chaque époque des modèles conceptuels qui en modifient la rédaction.

Les interrogations des praticiens et des théoriciens intéressent donc à double titre : parce qu'ils s'efforcent de spécifier de quoi sont faites les nouvelles et, à partir de là, quels sont les caractères propres au genre. Et parce qu'ils rendent manifeste l'instabilité des « définitions ».

La vogue des théories de la nouvelle coïncide avec le moment où elle prend son essor. Au début du XIXe siècle, en Allemagne, alors que s'affirme l'identité nationale de la littérature. Aux États-Unis où le marché, et tout particulièrement la presse, stimule la production, vers les années 1840. Dans les années 20, avec les formalistes russes, la théorie littéraire s'efforce d'assurer des assises « objectives » à l'opposition entre le roman et la nouvelle.

Depuis lors les écrivains prennent le parti de la réserve : les meilleurs nouvellistes du XXe siècle (un Borges, un Cortázar) éludent toute position de principe. Et lorsqu'ils acceptent d'évoquer l'« art de la nouvelle », ils mettent l'accent sur le mystère des choses et des êtres, plus qu'ils ne s'attachent à la facture des œuvres : c'est le cas de F. O'Connor. Depuis les années 1960 les auteurs multiplient les professions de foi sans souci de formuler une doctrine.

Ces fluctuations se développent pendant près de deux siècles. Elles invitent à ne pas rechercher une doctrine fixée une fois pour toutes. Elles incitent également à discerner, chez les praticiens et les théoriciens de la nouvelle, les points de convergence et de divergence.

1. Le romantisme allemand

Le problème de la nouvelle compte pour peu de choses dans l'effervescence régénératrice que connaît la littérature de langue allemande, au cours des premières années du XIXe siècle. Mais il bénéficie d'une interrogation qui concerne les formes d'expression et qui vise, au-delà de la notion de genre, à déterminer leur accomplissement.

Trois positions se dégagent d'un ensemble de considérations qui, pour la plupart, sont demeurées à l'époque inconnues des auteurs et des critiques français. La première concerne le contenu de la nouvelle : c'est, selon Goethe, une histoire vraie mais ténue, de caractère anecdotique. Toutefois, bien qu'elle soit tirée de la vie ordinaire, elle ne relève pas des événements de routine car elle marque une étape décisive dans la vie d'un personnage : « Une nouvelle est-elle autre chose qu'un événement inouï qui a lieu ? », déclare-t-il dans ses *Entretiens avec Ekermann* (29 janvier 1827).

Friedrich Schlegel rappelle le caractère anecdotique qui donne sa matière à la nouvelle, dans une formule souvent reproduite : « une histoire qui n'appartient pas à l'Histoire ». Mais le contenu du récit représente à ses yeux un simple matériau qu'il revient à l'auteur de constituer en œuvre d'art. Cette deuxième position met l'accent sur l'éclat qu'apporte la personnalité de l'auteur. L'anecdote n'est pas racontée pour elle-même. Elle permet d'exposer un point de vue ou une conception qu'elle illustre de manière implicite :

> « À mon avis la nouvelle se prête à représenter une disposition et une opinion subjective [...] d'une façon à la fois indirecte et symbolique. »
>
> Friedrich Schlegel, *Essai sur Boccace*.

En ce sens la nouvelle procède de l'allégorie ou de la parabole, elle appartient aux histoires qui donnent à penser. Un récit de J.-P. Hebel (« *Unverhoftes Wiedersehen* ») apparaît comme le prototype du récit bref à valeur exemplaire :

> La veille de son mariage un mineur doit redescendre dans la mine. Il y est englouti. Après un demi-siècle on découvre le corps d'un jeune homme miraculeusement conservé sous terre. Mais personne ne peut lui donner un nom. Jusqu'au moment où apparaît une vieille femme toute ratatinée. Elle reconnaît son fiancé.
>
> J.-P. Hebel, « La retrouvaille inespérée ».

Comme c'était le cas avec « Le chèvrefeuille » de Marie de France, le caractère emblématique de l'histoire est donné à lire de manière immédiate au lecteur : alors que le fiancé a conservé intacte sa jeunesse, la vieille femme a conservé de son côté un amour tout aussi vivace.

L'organisation de la nouvelle rend compte de sa spécificité. Pour F. Schlegel le « Witz » de la nouvelle (l'éclat qu'elle propage) provient de sa structure. Il appelle à un renouveau d'intérêt pour un type de récit hautement formalisé :

> « Il est un genre de Witz que pour sa pureté, sa précision et sa symétrie on aimerait appeler le Witz architectonique [...]. Il joue un rôle important dans la nouvelle car seule une telle étrangeté d'une insolite beauté garde indéfiniment la fraîcheur d'une histoire. [...] Personne sans doute ne s'étonne que le goût pour les pures nouvelles n'existe plus guère. Il ne serait pourtant pas mauvais de le réveiller. »
>
> Fragment 383, dans Ph. Lacoue-Labarthe et J.-L. Nancy, *L'Absolu littéraire*, Le Seuil, 1978.

Pour A.W. Schlegel (le frère de Friedrich), la particularité de la nouvelle réside dans son action, et plus précisément dans son moment de crise. C'est en fonction de celui-ci que s'organise le récit : d'où la théorie du revirement (« Wendepunkt ») qu'il expose dans ses *Leçons sur l'histoire et la théorie des Beaux-Arts* et qui représente une troisième position concernant le genre :

> « La nouvelle exige des revirements décisifs, de telle sorte que les grandes lignes du récit s'aperçoivent clairement. »

Cette théorie est aussi dénommée théorie du faucon par référence à l'un des récits du *Décaméron* (Classiques Garnier, Bordas, Paris) qui l'illustre exemplairement. On peut le résumer de la manière suivante :

Boccace - « Le Faucon »

> Un jeune Florentin, Frédéric Alberighi, l'un des chevaliers les plus en vue de Toscane, s'éprend d'une dame mariée, Giovanna, qui n'a cure de ses assiduités ni de ses cadeaux. Bientôt ruiné, il se retire à la campagne où il vit dans le plus grand dénuement. Il n'a conservé qu'un faucon, l'un des plus remarquables qu'on puisse voir, qui lui assure à la fois ses distractions et sa subsistance.
> Quand le mari de Giovanna meurt, il lui laisse un fils qui convoite le faucon de Frédéric. Tombant un jour gravement malade, il demande à sa mère de solliciter auprès de celui-ci l'oiseau de proie. Giovanna se résout à rendre visite à son ancien soupirant qui la reçoit avec vénération mais prend conscience de son extrême pauvreté. Pour servir à la dame un repas digne d'elle, il tort le cou de son faucon et le passe à la broche. Après le repas, Giovanna fait connaître à son hôte le but de sa visite. Frédéric éclate en sanglots à l'idée de ne pouvoir la satisfaire. Après la visite de Giovanna, son fils, mortellement déçu, rend son dernier soupir. Mais quelque temps plus tard, la dame, pressée de se remarier, se souvient de la grandeur d'âme de Frédéric : « Je préfère un homme qui ait besoin de richesses à des richesses qui aient besoin d'un homme. »
>
> *Le Décaméron,* cinquième journée, neuvième nouvelle.

Cette « journée » du *Décaméron* concentre l'intérêt sur l'oiseau de proie qui donne son titre au récit. Le faucon cristallise des fonctions diverses qui se manifestent successivement :

– il est d'abord objet de consolation pour le soupirant qui s'est efforcé en vain de plaire à la Dame,

– il devient ensuite objet de convoitise, désiré par le fils de la Dame,

– puis objet de sacrifice pour Frédéric qui, par amour, se défait de son dernier bien,

– enfin objet révélateur : grâce à lui Giovanna prend conscience de la qualité de l'amour que lui voue Frédéric.

Par le « faucon » se relaient des désirs dont les avatars déterminent les différents épisodes de l'action et le renversement dramatique. C'est enfin en évoquant les vraies « richesses » que Giovanna exprime au dénouement les raisons de son choix.

L'effet de surprise que relève la théorie du revirement, assimile la nouvelle à l'histoire extraordinaire. Une place de premier ordre est accordée au coup de théâtre, au renversement, à l'inattendu – voire à la pointe finale, à la « chute », à une disposition qui, dans certains cas, retarde jusqu'à son terme ultime le moment de crise. L'art du récit confine alors à la virtuosité à quoi la critique assimile parfois la nouvelle traditionnelle, comme l'a fait encore récemment un critique allemand, pour qui la nouvelle, fidèle à son étymologie, représente

> « une seule action dont le dénouement consiste dans un revirement si étrange et si imprévisible qu'on peut parler de "novella", c'est-à-dire "chose nouvelle", "non encore entendue". »

Benno von Wiese, *Novelle,* Stuttgart, 1969.

La floraison de nouvelles allemandes (présentées sous des étiquettes diverses) se situe entre 1810 et 1830. Elle sert de modèle à l'étranger, Edgar Poe s'y réfère aussi bien que Théophile Gautier. Alors qu'elle s'oppose au conte moral, symbolique ou merveilleux (*Märchen*), la nouvelle (*Erzählung*) s'inscrit dans le cadre de la vie quotidienne. Elle relate un événement considéré comme plausible, quoique surprenant, voire fantastique et elle use d'un retournement dramatique qui privilégie une action unique. Ce qu'expose L. Tieck, romancier et esthéticien de la littérature, dans l'un de ses écrits :

> « Le but de la nouvelle et de mettre en vive lumière un fait, grand ou petit, qui, même s'il peut facilement arriver, n'en est pas moins étonnant, voire unique. Et ce point où l'histoire prend une tournure inattendue [...] se gravera d'autant plus dans l'imagination du lecteur si le sujet est emprunté à la vie

quotidienne. [...] Le miracle appartient à tous les temps. Il n'est pas quelque chose d'extraordinaire, il nous entoure constamment. Notre existence entière est un miracle. »

Schriften, 1829.

2. Edgar Poe et l'« effet de totalité »

La théorie de la nouvelle a été profondément marquée, notamment en France, par la personnalité d'Edgar Poe, l'auteur de *Tales of the Grotesque and the Arabesque* (deux volumes parus à Philadelphie en 1840, que Baudelaire traduit sous les titres d'*Histoires extraordinaires* [1857] et *Histoires grotesques et sérieuses* [1865]). Après plus d'un siècle, ses considérations sont parfois perçues comme autant de postulats fondateurs. Elles ont donné lieu, aux États-Unis, à des théories aussi péremptoires qu'imprécises. Ainsi, un professeur de l'Université de Colombia, Brander Matthews, publie en 1885 « The Philosophy of the Short-Story » où il déclare notamment :

> « Le roman et la nouvelle diffèrent dans leur essence. [...] La différence qu'il y a entre eux n'est pas de simple longueur, elle est fondamentale. »

New-York, 1901

Cette proposition exprime à la perfection le point de vue idéaliste selon lequel les genres littéraires constituent des « essences » auxquelles les œuvres se conforment peu ou prou.

E. Poe n'a cessé de collaborer à des hebdomadaires et des magazines (*Saturday Courier, Blackwood Magazine, Southern Literary Messenger*) dont il a tiré ses ressources et qui ont déterminé, par la force des choses, la nature de ses récits. D'une manière générale, la presse considère les auteurs (N. Hawthorne, H. Melville, parmi tant d'autres) comme des écrivains-journalistes, tandis que ces derniers rédigent des textes qu'ils n'hésitent pas à nommer aussi bien contes (« *tales* ») qu'« articles » ou « papiers ». Mais en même temps, les observations qu'E. Poe consacre à la nouvelle s'en tiennent à des questions d'esthétique, dans l'absolu mépris des conditions matérielles et institutionnelles de la production.

Dans une bonne mesure, les principes d'E. Poe – à commencer par son essai sur « Le principe poétique » – ignorent les servitudes de l'écrivain et ils les magnifient par une référence constante à l'absolu de l'Art. Poe affirme que l'expression « long poème » comporte une contradiction. Il relègue à l'arrière-plan aussi bien le poème épique que l'épigramme qu'il estime ou trop long ou trop bref pour produire un effet, soit perceptible dans le premier cas, soit suffisant dans le second. Le critère d'appréciation qu'il propose est celui de l'impression produite, mais aussi de la dignité de la chose écrite qui doit se dégager des visées utilitaires, de tout « didactisme ».

Baudelaire s'est fait l'écho de ces préoccupations dans un développement de ses « Notes nouvelles sur Edgar Poe », IV (1857) :

> « Voilà évidemment le poème épique condamné. Car un ouvrage de cette dimension ne peut être considéré comme poétique qu'en tant qu'on sacrifie à la condition vitale de toute œuvre d'art, l'Unité ; je ne veux pas parler de l'unité dans la conception, mais de l'unité dans l'impression, de la totalité de l'effet. »

Dans un essai fort célèbre, « The Philosophy of Composition » (que Baudelaire traduit et présente sous le titre « La Genèse d'un Poème ») Poe insiste sur le caractère concerté de l'œuvre d'art que trop d'écrivains se plaisent à placer sous l'égide de l'inspiration, « une espèce de frénésie subtile ou d'intuition extatique ». De là l'importance déterminante qu'il accorde à la juste dimension des œuvres, dont découle la perception de l'effet produit :

> « Si un ouvrage littéraire est trop long pour se laisser lire en une seule séance, il faut nous résigner à nous priver de l'effet prodigieusement important qui résulte de l'unité d'impression ; car si deux séances sont nécessaires, les affaires du monde s'interposent, et tout ce que nous appelons l'*ensemble*, totalité, se trouve détruit du coup. »

Dans le compte rendu d'un recueil de nouvelles, (*Twice Told Tales* de N. Hawthorne), E. Poe applique à ce type de récit un principe qui, selon lui, doit présider à toute expression artistique :

> « Le roman ordinaire est inacceptable, à cause de sa longueur, pour des raisons analogues à celles qui rendent la longueur inacceptable dans le poème. Comme le roman ne peut être lu d'une traite, il ne peut bénéficier de l'avantage immense de la

totalité. Les préoccupations quotidiennes intervenant durant les pauses dans la lecture modifient, contrarient et annulent les impressions recherchées. Mais la simple interruption de la lecture serait à elle seule capable de détruire la véritable unité. Dans le conte bref cependant, l'absence d'interruption permet à l'auteur de mettre intégralement son dessein à exécution. Pendant l'heure que dure la lecture, l'âme du lecteur demeure sous la coupe de l'écrivain.

Un artiste habile construit un conte. Il ne façonne point ses idées pour qu'elles s'accordent avec ses épisodes, mais après avoir soigneusement conçu le type d'effet *unique* à produire, il inventera alors des épisodes, combinera des événements, les commentera sur un certain ton, subordonnant tout à la volonté de parvenir à l'effet préconçu. Si sa toute première phrase ne tend pas à amener cet effet, c'est qu'alors, dès le tout premier pas, il a fait un faux pas. Dans toute l'œuvre, il ne devrait pas y avoir de mot dont la tendance, de façon directe ou indirecte, soit étrangère au dessein préétabli. Et par ce moyen, avec ce soin et cette habileté, un tableau, à la fin, est peint qui laisse dans l'esprit de qui le contemple avec un art semblable une impression de satisfaction la plus totale. L'idée du conte, sa thèse, s'est trouvée présentée intacte parce qu'imperturbée – chose absolument indispensable et cependant tout à fait hors de portée dans le roman. »

E. Poe, *Œuvres,* « Bouquins », R. Laffont, p. 1002-1003.

Comme on le voit, E. Poe envisage la question de la longueur du récit avec désinvolture. L'instrument de mesure dont il use est approximatif, « une heure » de lecture ou une seule séance (« *one sitting* »). C'est que l'art du conte relève d'une conception plus générale qui l'englobe, celle de l'effet unique ou, pour mieux dire, de l'*effet d'unité*. Elle procède d'un acte de foi sur lequel se fondent des considérations qui portent sur la composition, le principe poétique ou la maîtrise du récit, celui d'une harmonie supérieure que l'art rend perceptible. L'impression qui se dégage du conte rend manifeste rien moins que l'harmonie de la création telle qu'on la perçoit par ailleurs, dans le chant des oiseaux, le parfum voluptueux de la violette, la harpe du vent – toute manifestation de la divinité. Le poète qui la ressent et « se prosterne devant elle », a pour ambition de la produire dans ses œuvres.

Récemment traduit sous le titre « L'Art du conte », cet article n'a été connu en France qu'à travers des adaptations de Baudelaire qui en interprète les propositions dans le sens d'une poétique des genres. Ce qui s'applique, dans l'esprit de l'écrivain américain, à l'œuvre d'art en général, tend à devenir sous la plume de son intercesseur, une manière de faire propre au nouvelliste :

> « Parmi les domaines littéraires où l'imagination peut obtenir les plus curieux résultats, peut récolter les trésors, non pas les plus riches, les plus précieux (ceux-là appartiennent à la poésie), mais les plus nombreux et les plus variés, il en est un que Poe affectionne particulièrement, c'est la *Nouvelle*. Elle a sur le roman à vastes proportions cet immense avantage que sa brièveté ajoute à l'intensité de l'effet. Cette lecture, qui peut être accomplie tout d'une haleine, laisse dans l'esprit un souvenir bien plus puissant qu'une lecture brisée, interrompue souvent par les tracas des affaires et le soin des intérêts mondains. L'unité d'impression, la *totalité* d'effet est un avantage immense qui peut donner à ce genre de composition une supériorité tout à fait particulière, à ce point qu'une nouvelle trop courte (c'est sans doute un défaut) vaut encore mieux qu'une nouvelle trop longue. L'artiste, s'il est habile, n'accommodera pas ses pensées aux incidents ; mais, ayant conçu délibérément, à loisir, un effet à produire, inventera les incidents. Si la première phrase n'est pas écrite en vue de préparer cette impression finale, l'œuvre est manquée dès le début. Dans la composition tout entière, il ne doit pas se glisser un seul mot qui ne soit une intention, qui ne tende, directement ou indirectement, à parfaire le dessein prémédité. »
>
> Baudelaire, « Notes nouvelles sur Edgar Poe », III, 1857.

> « Le roman, qui tient une place si importante à côté du poème et de l'histoire, est un genre bâtard dont le domaine est vraiment sans limites. Comme beaucoup d'autres bâtards, c'est un enfant gâté de la fortune à qui tout réussit. Il ne subit d'autres inconvénients et ne connaît d'autres dangers que son infinie liberté. La nouvelle, plus resserrée, plus condensée, jouit des bénéfices éternels de la contrainte : son effet est plus intense ; et comme le temps consacré à la lecture d'une nouvelle est bien moindre que celui nécessaire à la digestion d'un roman, rien ne se perd de la totalité de l'effet. »
>
> Baudelaire, « Théophile Gautier », 1859.

Selon ces « définitions », la contrainte formelle impose une limite de durée : l'auteur doit relater les événements de sorte que le lecteur en prend connaissance « tout d'une haleine ». La concentration impose une économie au niveau de l'intrigue et de son orchestration. En résulte une dynamique de type centripète : les éléments divers concourent à un effet d'ensemble. Ainsi conçue, la nouvelle ne souffre pas de défaillance. Même les temps morts (digressions, descriptions, références) y jouent un rôle déterminant : pas « un seul mot qui ne soit une intention, qui ne tende [...] à parfaire le dessein prémédité ». Elle se voue à une totalité concertée par l'auteur, perçue par le lecteur.

Formulé par E. Poe, l'art du conte traduit une conception « unitaire » qui favorise l'expression brève aux dépens d'œuvres dont la morphologie empêche l'appréhension globale (le roman, l'épopée). Reproduit par Baudelaire, l'art de la nouvelle se transforme en une théorie de l'effet. Dans les deux cas l'écrivain est architecte de l'œuvre, il agit à volonté sur son lecteur. Suivant cette conception de l'artiste démiurge, les genres brefs permettent une appréhension immédiate et exhaustive de la création : proposition dont le principal mérite est d'avoir été souvent reproduite et d'être parvenue jusqu'à nous sous la même forme. C'est ainsi que J. L. Borges la reprend à son compte en se plaçant sous l'autorité du conteur américain. À son interlocuteur qui lui demande pourquoi il a surtout écrit des nouvelles, il répond :

> « J'ai peur que le roman ne soit qu'une sorte de simulacre. L'auteur imagine une histoire qui doit durer trois cents ou quatre cents pages, ou un livre comme *Les Hommes de bonne volonté* de Jules Romains, ou même une saga, et ensuite il écrit. Mais nous ne savons pas si ces livres "existent" pour lui, comme peuvent exister une nouvelle ou un sonnet, ou toute autre pièce courte, où il y a une unité, où tout est présent. Bien sûr, un roman forme aussi une image dans la mémoire, mais il ne me semble pas aussi "réel" qu'une nouvelle. Poe a dit : "Le poème long n'existe pas." On pourrait dire la même chose du roman. J'ai lu et relu bien des fois *Crime et châtiment,* mais il ne subsiste que trois ou quatre scènes dans ma mémoire, alors qu'il y a bien des poèmes, en diverses langues, qui m'accompagnent dans la rue, dans les couloirs de la Bibliothèque, ou chez moi. »
>
> *Le Magazine littéraire,* novembre 1988.

3. France et Russie : les Formalistes

Marcel Schwob

Les Français, qu'on dit friands de spéculations, se sont en fait davantage intéressés à la nature de la poésie (Mallarmé, Valéry) qu'à celle de la nouvelle. Dans les dernières décennies du XIXe siècle, alors que les écrivains fournissent à la presse une quantité industrielle de récits, Marcel Schwob fait figure d'exception lorsqu'il expose ses théories. Il publie en 1891 un premier recueil de nouvelles, *Cœur double*. D'autres suivront dont le plus connu est *Le Livre de Monelle* (1894) et le plus remarquable *Les Vies imaginaires* (1896)[1].

La préface de *Cœur double* justifie les sujets des différents récits que l'auteur a regroupés en diptyque. Mais elle développe également (dans la deuxième section) des thèses qui ont alors valeur de manifeste. M. Schwob y oppose deux pôles de l'art qui, selon lui, alternent dans l'histoire de l'Occident : la Symétrie et le Réalisme. Ce dernier, qui s'est développé notamment aux XVIIIe et XIXe siècles, représente la vie « avec toutes ses inflexions les plus inharmoniques ». La Symétrie, au contraire, impose à la représentation des règles conventionnelles. Elle triomphe dans l'Antiquité, à l'époque classique, et semble de nouveau, en cette fin de siècle, imposer l'*a priori* de l'Idée à des Formes Matérielles « qui sont changeantes et flexibles ».

Plaçant son recueil sous l'égide du chiffre 2, l'auteur en explique le sens symbolique. Il se réfère à une volonté de synthèse et au principe de double oscillation qui, dit-il, mobilise la vie intérieure et la vie extérieure. Ce principe organise toute rencontre, c'est-à-dire l'« aventure » et la « crise » qui la noue. Réduite à l'essentiel, l'histoire se fonde sur un dispositif symétrique aussi lisible que possible, elle concentre l'intérêt sur le moment décisif :

> « On trouvera dans ces contes la préoccupation d'une composition spéciale, où l'exposition tient la plus grande place

1. Ces titres ont été réédités dans la série « Fin de siècle » de la collection 10/18, éditions U.G.E.

souvent, où la solution de l'équilibre est brusque et finale, où sont décrites les aventures singulières de l'esprit et du corps sur le chemin que suit l'homme qui part de son moi pour arriver aux autres. Ils présenteront parfois l'apparence de fragments ; et on devra alors les considérer comme une partie d'un tout, la crise seule ayant été choisie comme objet de représentation artistique. »

Cœur double, 10/18, p. 42.

La nouvelle intitulée « Le train 081 » illustre bien cette systématisation.

Un mécanicien de locomotive retraité raconte un souvenir inoubliable de sa vie professionnelle. En pleine nuit, alors que sévit dans le Midi une épidémie de choléra, son train (le 180) roule vers Paris. Il est bientôt rejoint sur la deuxième voie par une sorte de train fantôme qui reflète chacun de ses éléments comme en miroir : il est marqué du chiffre 081, etc. Le dénouement laisse le lecteur dans l'indécision et dans l'angoisse car il ne peut savoir si les faits racontés relèvent du surnaturel, de l'hallucination ou s'ils traduisent la culpabilité du héros. Celui-ci a épousé la femme de son frère dont il découvre le cadavre, foudroyé par l'épidémie, dans un wagon, à l'arrivée du train en gare.

Cœur double

Les Formalistes russes

Dans les années 1920, les études littéraires se renouvellent profondément en Russie. Elles fondent leurs recherches sur l'analyse des textes considérés comme des faits de langage, sur des points de vue formels (que le pouvoir soviétique dénonce comme « formalistes »), nécessairement multiples, puisqu'ils s'intéressent à différents niveaux de la langue et divers types de discours, mais qui rompent avec les études historiques ou biographiques, alors prédominantes, en privilégiant les moyens d'expression. Bien que tardivement connu en France, à partir des années 1960, ce parti pris critique n'en a pas moins marqué l'approche des textes. Roman Jakobson n'a cessé de le réaffirmer tout au long d'une carrière féconde : « Si les études littéraires veulent devenir scientifiques, elles doivent reconnaître le procédé comme leur personnage unique [*device* en anglais, *priëm* en russe : mieux vaudrait, en français, dire : les « procédures », pour rendre compte d'une manière de faire qui intéresse la « poétique »] : l'élément qui forme l'œuvre littéraire comme telle, c'est justement cette littérarité [...]. C'est une orientation vers le signe poétique lui-même, vers le système des signes » (*Poétique* n° 57, février 1984, p. 23).

Particulièrement brillants dans leurs analyses du poème (R. Jakobson) ou du conte populaire (V. Propp), les Formalistes russes se sont également intéressés aux récits brefs. Dans « O. Henry et la théorie de la nouvelle », B. Eikhenbaum oppose les formes narratives complexes (chronique historique, relation de voyage, roman) aux formes élémentaires : anecdote, conte, nouvelle. Il caractérise cette dernière par l'exploitation d'un principe de construction (un manque, un contraste) et par l'importance accordée à la conclusion. Ces deux composantes déterminent une forme qui, par son propos et son procédé, diffère complètement du roman. Ce qui permet au critique de singulariser les deux types de récit en les confrontant point par point :

Roman	***Nouvelle***
– action lente	– action rapide
– assemblage d'éléments hétérogènes	– assemblage d'éléments homogènes
– centres d'intérêt multiples	– centre d'intérêt unique
– dénouement sous forme de bilan ou d'épilogue	– dénouement inattendu

> « On comparera le roman à une longue promenade à travers des lieux différents, qui suppose un retour tranquille ; la nouvelle à l'escalade d'une colline, ayant pour but de nous offrir la vue qui se découvre depuis cette hauteur [...]. Ceci amène à soigner particulièrement les surprises finales et à construire la nouvelle sur une énigme ou une erreur qui gardera le rôle moteur dans l'intrigue jusqu'à la fin. »

Théorie de la littérature, textes réunis par T. Todorov, Le Seuil, 1965, p. 203 et 208.

B. Eikhenbaum a par ailleurs étudié le ton d'une nouvelle, la variété des jeux verbaux et des discordances qu'elle met en œuvre (« Comment est fait "le Manteau" de Gogol », 1927). Mais il est particulièrement fasciné par la nouvelle anglo-saxonne, comme en témoignent ses références à N. Hawthorne ou E. Poe. Il lui semble que ces auteurs portent le genre à son point de perfection et il cite R.L. Stevenson pour donner l'exemple d'une maîtrise absolue du récit :

> « Inventer une nouvelle conclusion ? Oui, bien sûr, mais je n'écris pas ainsi ; cette conclusion est sous-entendue tout au long de la nouvelle ; je n'utilise jamais un effet si je peux le garder pour le moment où il me servira à introduire des effets ultérieurs : c'est en cela que consiste l'essence de la nouvelle. Créer une autre fin signifie changer le début. »
>
> *Ibid.*, p. 207-208.

Toutefois cette perfection de virtuose apparaît une vue de l'esprit dès qu'on envisage la nouvelle sous un jour historique. Avec Mark Twain, O. Henry, le genre évolue : B. Eikhenbaum montre, par exemple, que le narrateur y prend le pas sur l'histoire, ce qui détruit le sérieux du propos, l'illusion de réalité : manière de reconnaître que le modèle idéal de *la* nouvelle recouvre en fait une typologie de nouvelles soumises aux aléas de la conjoncture.

Cette position de repli sur des observations historiques invite à l'esquisse d'un inventaire. Ce à quoi V. Chklovski travaille dans « La construction du récit bref et du roman » (*Théorie de la prose*, Moscou, 1929). Il y limite ses ambitions en avouant de prime abord qu'il n'a pu parvenir à trouver de « définition » de la nouvelle. Il s'en tient donc à la mise en évidence d'effets dont la récurrence lui semble propre soit à l'un des avatars du genre soit à la manière d'un auteur donné : fin décevante (ou négative), fréquente chez Maupassant ; construction caractérisée comme la boucle, le palier, le parallèle. Chaque fois la signification du récit est « motivée » par l'expression : telle composition, tel procédé, tel effet de style. De toute évidence, V. Chklovski fait son deuil d'une élucidation du genre en tant que tel, pour mettre au jour les principes d'une efficace, qui font le prestige d'un Maupassant, d'un Tolstoï, d'un Tchekhov.

4. La définition introuvable

Pour des raisons économiques, les nouvellistes des États-Unis jouissent d'une situation que leur envient leurs confrères européens. Des magazines comme le *New-Yorker* ou *Playboy*, en sa plus belle époque, tirent ou ont tiré à plusieurs centaines de milliers d'exemplaires, jusqu'à un million et au-delà. Ils rémunèrent en conséquence leurs collaborateurs les plus prisés : plusieurs centaines voire milliers de dollars. En Amérique du Nord la nouvelle est, au XXe siècle, un genre qui peut rapporter à la fois du succès et des espèces bien sonnantes. Souvent les écrivains les plus renommés (Fitzgerald, Faulkner, Hemingway, Salinger, parmi tant d'autres) sont aussi des nouvellistes. Inversement, la nouvelle n'occupe en Europe qu'une place de second ordre. Les éditeurs et les revues qui depuis des décennies proclament leur volonté de « défense et illustration » du genre, montrent par leur persévérance la difficulté de leur entreprise, sinon leur insuccès. En fait, si la nouvelle prolifère dans la presse féminine ou dans les concours qu'organisent les municipalités pour les amateurs, les éditeurs en place publient de préférence des recueils de romanciers chevronnés, déjà connus du public.

Mais aux États-Unis comme en France, pour nous en tenir à ces deux exemples qui, sur le plan éditorial, se situent aux antipodes, les essais de théorisation marquent le pas. Les avatars de l'histoire brève sont si divers qu'on ne se risque plus guère à en déterminer les normes, sinon de manière toute empirique (demande du public, commandes des éditeurs, dont la fortune des nouvelles de science-fiction donne un bel exemple). Et, de toute évidence, les auteurs préfèrent aux essais de théorisation des formules à l'emporte-pièce.

Flannery O'Connor

Romancière et nouvelliste de premier ordre, Flannery O'Connor a répondu à des invitations d'universités qui, au États-Unis, proposent à leurs étudiants des cours de « création littéraire » (*creative writing*). Elle ironise volontiers sur le fait qu'au regard des enseignants la nouvelle est considérée « comme une sorte de spécimen destiné à la dissection », et elle se défend de rendre compte de sa propre manière en termes de technique ou de formule : « Plus j'écris des nouvelles, plus mystérieuse me paraît leur genèse et moins je suis capable de l'analyser » (*Le Mystère et les mœurs*, Gallimard, 1975, p. 95).

« L'Art de la nouvelle » (*ibid.*, p. 95-113) rassemble quelques-unes de ses interventions dont se dégage une conscience aiguë du métier mais aussi d'un type de récit où chaque mot participe de l'ensemble. La forme est « organique », elle s'élabore dans la matière même du récit, si bien qu'une nouvelle ne peut être ni résumée, ni développée, ni adaptée. Sa signification est inépuisable du fait qu'elle exprime par l'histoire ce qui ne peut l'être autrement : de la même manière on ne « raconte » pas un poème ou un tableau !

> « La signification d'un récit doit faire corps avec la matière romanesque, elle doit être concrétisée par elle. Un récit est une façon de dire ce qui ne peut se dire autrement, et chaque mot dont il est fait, est nécessaire pour en exprimer la signification. »
>
> *Ibid.*, p. 104.

Écrivain catholique, née en Georgie, F. O'Connor veut avant tout traduire une vision des choses, ce qu'elle appelle « le mystère de la personne humaine », « le sens du mystère ». À partir de là, elle considère avec réticence tout ce qui pourrait être interprété comme un procédé : la suggestion (par une action inachevée) ou le symbole. L'auteur doit exprimer le moins possible ses intentions et laisser au lecteur la libre appréhension du récit à son niveau littéral. La signification (ou plutôt le processus signifiant) du récit, se trouve dans sa lettre, non dans son sujet ou dans l'interprétation abstraite qu'on peut en faire. La réalité du récit est d'ordre expérimental, l'action représente une manière d'être qui elle-même relève de l'indicible :

> « La nouvelle est une unité dramatique indécomposable – dans une nouvelle bien faite, les personnages se révèlent par l'action, l'action est elle-même commandée par les personnages et il s'en dégage un sens qui émane de la totalité de l'expérience offerte au lecteur. »
>
> *Ibid.*, p. 97.

Quelques nouvellistes français

Avec F. O'Connor la pétition de principe remplace le propos de législation. Il en va de même en France où depuis des décennies – depuis les années 1930 où Paul Morand crée aux éditions Gallimard une collection destinée à promouvoir la nouvelle – sont périodiquement prononcées les mêmes professions de foi. Ces paroles de célébration montrent que la nouvelle apparaît aujourd'hui à peu près indéfinissable, réfractaire, en tous cas, à quelque modèle que ce soit.

Plusieurs auteurs contemporains ont répondu à une enquête de la revue *Le Français aujourd'hui* (septembre 1989). Ils reconnaissent de bonne grâce l'existence de différents types : la nouvelle où il ne se passe rien, celle qui opère par coup de théâtre... Ils ont conscience d'un jeu réglé qui prépare, par exemple, la « pirouette de la chute ». Ils évoquent également une esthétique de la discontinuité, du fragment. Mais c'est par différence avec ces formes convenues que chacun d'eux se situe. Leur travail d'écrivain tend justement à déjouer les attentes.

Pierre Michon s'inspire, dans ses récits, des anciennes vies de saints où apparaît « ce qu'a de pauvrement sacré tout passage individuel sur terre » (*Vies minuscules*, Gallimard, 1984). J. Stefan est à l'affût des situations de rupture où un équilibre se trouve bouleversé de manière irréversible (*Vie de mon frère*, Gallimard, 1973). Jean-Loup Trassard s'efforce de créer une atmosphère pour partir à la recherche d'une aventure (*Paroles de laine*, Gallimard, 1969). Dans tous les cas, est célébré un art de la brièveté où chaque auteur s'attache à captiver son lecteur, à le prendre au piège d'un texte qui recèle l'essentiel.

Désormais les nouvellistes se distinguent moins par leur croyance à la spécificité d'un genre que par leurs ambitions. Ils aspirent à transmettre en peu de pages une aventure intime d'ordre fondamental, à faire en sorte que leur lecteur soit transformé par l'histoire qu'il lit. La nouvelle ne doit pas le laisser intact. Du reste, écrit Pierre Mertens, elle ne donne à voir que cela : « *un passage* » (voir plus haut, p. 41-43). Et de citer Robert Musil qui raconte comment un sujet s'impose à un auteur dont le récit associe étroitement sa propre expérience à celle d'un personnage et à celle du lecteur :

> « Le monde acquiert soudain une nouvelle profondeur où les yeux se tournent vers l'intérieur, il croit que ce seul exemple lui donne une nouvelle vision de la réalité des choses. »

P. Mertens, « Faire bref et en dire long », *Pour la nouvelle*, éditions Complexe, 1990.

5. Esthétique de la nouvelle

La plupart des réflexions ou des théories des nouvellistes partagent des préoccupations communes, distinctes de celles qui sont propres aux romanciers. Ces derniers placent le plus souvent au premier plan le souci de vérité, le désir de représentation exacte de la dite réalité. On se souvient de la formule que Stendhal invente pour la citer en épigraphe d'un chapitre du *Rouge et le Noir* : « Un roman : c'est un miroir qu'on promène sur une grande route. » Les nouvellistes, en revanche, sont davantage concernés par des questions de mise en forme, d'expression, d'émotion à communiquer. Ils raisonnent le récit comme le feraient des poètes, en donnant la priorité aux questions de formulation. On se contentera de mentionner ici quelques principes propres à une esthétique de la nouvelle.

La globalité

« À lire : quatre récits complets », annonce la couverture de *Nous Deux*, pour forcer l'intérêt du lecteur. La formule résume la qualité principale de la nouvelle dans sa mouture ordinaire. Publiée dans un magazine ou une revue, elle noue et dénoue une action en un nombre de pages qui s'adapte à la disponibilité d'un moment de lecture. On lira une nouvelle en une soirée ou pendant un trajet de la vie quotidienne : tant de pages pour un nombre donné de stations en train ou en métro, de « Bonne Nouvelle » à « Filles du Calvaire ». Ce qui séduit, c'est l'appréhension d'une histoire irrémédiablement achevée peu de temps après qu'on l'a commencée. Tout ce qui est arrivé est relaté en ces quelques pages qui ne laissent attendre nulle péripétie supplémentaire. Le récit bref forme à lui-même un univers clos, autonome, un microcosme événementiel.

Séduit aussi la possibilité de saisir un sens exhaustif. Même s'il se présente sous une forme complexe, énigmatique, le récit bref permet une appréhension globale. Le retour en arrière se fait aisément, ainsi que la mise en relation d'un élément avec un autre. En cas de difficulté majeure ou de plaisir intense, la relecture est toujours possible. Chaque terme trouve sa résonance du fait que le lecteur garde en mémoire un grand nombre de données. Il jouit d'une perception panoramique, ni le détail ni la totalité ne lui échappent. Ce point de vue d'observateur lui est source de plaisir car il se trouve en face d'un tableau synoptique : la perception de chaque élément semble rendre plus facile l'intelligence de l'intégralité.

Mais la nouvelle séduit également par la mise en place d'une forme intelligible. Non seulement au niveau de l'expression mais aussi par une disposition dramatique et sémantique aisément perceptible, qui exploite toutes les sortes de schèmes comme l'opposition, l'entrecroisement, le parallèle, la gradation ou le cercle. « Très jeune [...], déclare Julio Cortázar, je me suis fait la sentinelle de mon propre langage. » Mais à la rigueur de l'expression s'ajoute aussi, comme il l'indique par le biais d'une métaphore emprunté à la géométrie, celle d'une organisation d'ensemble :

> « Le symbole, la métaphore du conte parfait est la sphère, cette forme sans aucun superflu, qui se ferme totalement sur elle-même [...]. J'ai toujours considéré la nouvelle comme un contenant inexistant, car avant qu'elle soit écrite il n'y a aucun contenant. Mais je sais que lorsque je la termine, son point final doit venir clore cette idée de sphère. »
>
> J. Cortázar, *Entretiens avec Omar Prego,* « Les nouvelles, un jeu magique », Folio, essais, 1986.

Le fragment

Un conte des *Mille et une Nuits*, un lai de Marie de France, une nouvelle contemporaine, se réfèrent à un univers clos. Celui-ci se distingue chaque fois par des composantes (lieu, personnages, action, épisodes) dont le nombre limité permet une représentation mentale complète. Le lecteur, ou éventuellement l'auditeur, a l'impression de pouvoir mémoriser l'ensemble des donnés dont la somme constitue le récit. Mais cette globalité que J. Cortázar désigne par l'image de la sphère, inscrit ses composantes dans des limites précises, relativement étroites, qui opposent le microcosme du récit bref au macrocosme d'autres genres comme l'épopée ou le roman de grande envergure. La « globalité » de la nouvelle ne prétend aucunement rivaliser avec la « totalité » des sommes romanesques.

Cette distinction se précise tout particulièrement au XIXe siècle, alors que s'élaborent des systèmes qui visent à rendre compte de l'aventure humaine, des flux successifs des civilisations

(Hegel, A. Comte). Ces philosophies de l'Histoire inspirent également certains romans, certains cycles, qui mettent en scène une époque, un moment de la « comédie humaine ». L'« Avant-propos » que Balzac rédige pour présenter, en 1842, l'ensemble de son œuvre, manifeste cette volonté de concevoir et de représenter la société moderne, et par-delà celle-ci, l'Humanité tout entière : « Il a donc existé, il existera donc de tout temps des Espèces Sociales comme il y a des Espèces Zoologiques. »

En raison de sa morphologie, la nouvelle ne peut se vouer aux représentations de la vie collective dans leur diversité et leur complexité. Elle tire parti de cette inaptitude en délimitant un sujet. On lui appliquera sans peine la célèbre caractérisation du fragment qu'a exposée F. Schlegel :

> « Pareil à une petite œuvre d'art, un fragment doit être totalement détaché du monde environnant, et clos sur lui-même comme un hérisson. »
>
> Fragments critiques, dans Ph. Lacoue-Labarthe et J.-L. Nancy, *L'Absolu littéraire*, ouvrage cité, p. 126.

« Cerner le contenu d'un moment », écrit Paul Morand (*Le Prisonnier de Cintra*), tandis que Marcel Arland, de son côté, considère que la nouvelle est faite d'un rien, de l'événement le plus simple, qu'elle « emplit de sens et de pathétique » (*Le Promeneur*). Toutefois elle ne s'en tient pas à la ténuité, elle traite toutes les sortes de sujets, en se limitant à l'expression d'un épisode, d'un point de vue, d'une voix. Fermée sur elle-même, contrainte à une perception partielle, elle fait son deuil des constructions qui rendent compte de ce que Jules Romains appelait « la vie unanime ». Elle concentre l'intérêt sur des sujets limités, dans l'ignorance des ensembles dont ils procèdent. Et elle consacre le fragment, le témoignage subjectif, en absolu littéraire.

L'aura

La nouvelle convient au monde contemporain où les individus vivent l'impossibilité de nouer des liens innombrables et sont voués à une connaissance parcellaire. Elle traduit la « modernité » telle que la concevait déjà Baudelaire, à propos de Constantin Guys : tirant le poétique de l'anecdotique, l'éternel du transitoire, du fugitif, du contingent (*Le Peintre de la vie moderne*, chapitre 4). Du fait qu'elle assure une constante promotion de ce qui est réputé conjoncturel, futile ou accessoire, elle formule à sa manière un discours sur l'Histoire.

Elle s'en tient à l'événement qui affecte un personnage, à ce qui eut lieu ce jour-là, à tel endroit, dans telles circonstances. À propos de la photographie, Walter Benjamin parlait de son « aura » qui la doue de magie : « Une trame singulière d'espace et de temps : unique apparition d'un lointain, si proche soit-il » (« La photographie », dans *Essais*, I, p. 161, « Médiations », Denoël-Gonthier). La célébration de ce qui advint, affecte l'histoire racontée des qualités propres aux révélations de la plaque sensible : celle de l'irrévocable, de l'unique. Il en émane l'éclat des choses qui ont été *ainsi*, et qu'on ne reverra plus.

Mais le temps de l'aventure trouve son expression dans le récit qui l'organise selon un ordre propre – qui lui-même se déroule dans le temps de la lecture. Comme l'avait perçu E. Poe, la fiction est immergée dans une durée que le lecteur vit, pour ainsi dire, montre en main. Sans aucun doute ici le théoricien de l'« art du conte » tire profit de son expérience d'écrivain. Son intuition éclaire pour une bonne part l'irritant problème de la « définition » du genre.

Si bien qu'on peut se demander où se situe, en dernier ressort, l'« aura » de la nouvelle : dans l'histoire qu'elle relate, la narration qu'elle met en œuvre, ou dans le moment désormais révolu dont elle nous oblige à discerner le contour.

LECTURES CONSEILLÉES

1. Théories

BOLL-JOHANSEN H.,
« Une théorie de la nouvelle et son application aux *Chroniques italiennes* de Stendhal », *Revue de littérature comparée*, « Problématique de la nouvelle », octobre-décembre 1976.

BORONAD A.,
« Genèse et esthétique de la nouvelle », *ibid*.

FONYI A.,
« Nouvelle et subjectivité. Un chapitre de l'histoire de la théorie de la nouvelle », *ibid*.

HELL V.,
« L'art de la brièveté. Genèse et formes du récit court : *Short Story* et *Kurzgeschichten* », *ibid.*

IMBERT H.-F.,
« Un intense scrupule ou les avatars de la forme courte », *ibid.*

THIEBERGER G.,
Le Genre de la nouvelle en Allemagne, Minard, 1968.

2. Esthétique

GROJNOWSKI D.,
« L'amateur de nouvelles », *Maupassant, miroir de la nouvelle* (Colloque de Cerisy, 1986), « L'imaginaire du texte », Presses Universitaires de Vincennes, 1988.

LACOUE-LABARTHE P., NANCY J.-L.,
L'Absolu littéraire. Théorie de la littérature du romantisme allemand, chapitre 1, « Le fragment », Le Seuil, 1978.

QUIGNARD P.,
Une Gêne technique à l'égard des fragments, Fata Morgana, 1986.

DOCUMENT

Faire bref et en dire long

PIERRE MERTENS[1]

Et d'abord une citation. Dans une nouvelle, l'auteur évoque « une idée qui lui vient momentanément, une émotion profonde : une chose pour laquelle on n'était pas né, mais du coup du destin [...]. À la suite de cet unique événement, le monde acquiert soudain une nouvelle profondeur où les yeux se tournent vers l'intérieur, il croit que ce seul exemple lui donne une nouvelle vision de la réalité des choses : voilà comment la nouvelle est venue ». Une définition d'un orfèvre en la matière, puisqu'elle émane de Robert Musil qui, avec *Trois Femmes* et *Noces*, nous a offert des chefs-d'œuvre du genre (comme il

1. Écrivain, P. Mertens a publié plusieurs recueils de nouvelles, dont *Ombres au tableau*, Fayard, 1982, et *Les Chutes centrales*, Verdier, 1990.

semble exemplaire, d'ailleurs, que l'auteur d'un des romans les plus pléthoriques du siècle se soit adonné à l'écriture de textes courts...). « Une chose pour laquelle on n'était pas né... Un coup du destin... Une nouvelle profondeur... Une nouvelle vision de la réalité... »

Au fond, Musil parle un peu de la nouvelle comme il ferait d'une conversion, ou mieux, d'un rituel initiatique. Le héros d'une nouvelle vit un conflit inattendu, une crise fortuite, la montée d'une fièvre même si, en apparence, il ne se passe rien. *Lui se passe.* Il traverse, sous nos yeux, une ligne de démarcation. Il subit une métamorphose. Il ne sera plus jamais le même. Maupassant, Mansfield et Tchékhov, ou James, Hawthorne, Melville, Hemingway, ou bien Flannery O'Connor, ou encore des Forêts, Buzzati, Baroche, ne donnent à voir que cela : *un passage.* Une incision rapide comme l'éclair dans le tissu du réel, comme a dit, à peu près, Morand. La coagulation d'un instant qui tirerait alors la prose du côté de la poésie, ainsi que l'a suggéré Faulkner. Le nouvelliste *se condamne au style.* Le temps d'une extase ou d'une transe, ou de la fixation d'un vertige. D'une estocade, parfois.

Toute écriture joue du temps, sur le temps, avec le temps. Mais, dans la nouvelle, l'auteur met une contention qui explique, à elle seule, pourquoi on adapte souvent avec plus de réussite, au cinéma, des nouvelles que des romans. *Blow up* (Cortázar/ Antonioni), *La Stratégie de l'araignée* (Borges/ Bertolucci), constituent de beaux exemples de cela. Le cinéaste peut, à loisir, distendre une narration qui se recharge, au fur et à mesure, telle une batterie. C'est au prix de cette élasticité, de cette patience, que les images peuvent se révéler aussi fortes et aussi denses que les mots du texte. Car on joue aussi bien sur la vivacité que sur le ralentissement de l'exposition.

Nous pouvons oublier de multiples épisodes d'un roman qui nous a, cependant, bouleversés. La nouvelle, non : elle se révèle infiniment mémorable. Nous n'oublierons jamais *Le Nez* de Gogol, ni *Neige silencieuse, Neige secrète*, de Conrad Aiken, ni *Le Salon de musique* de Tara Shankar Banerji, ni *Poisson banane* de Salinger, *Éléphant et Colisée* de Lowry ou *Dry September* de Faulkner. Parce que « c'est plus court » ? Mais non : parce que c'est, au sens propre, *saisissant*. Nimbé d'une aura – comme Stendhal jetant à Salzbourg, un rameau au fond d'une mine de sel, nous assistons à une cristallisation. Quand le roman, lui, épuise l'imagination du lecteur, la nouvelle la sollicite et la réembraye. Pour dire tant, en si peu de pages, Poe ou Kafka, ou Mac Cullers et Pasternak s'évadent du prosaïsme, et *réconcilient la prose avec la poésie* qui assure son temps, son rythme, sa pulsation.

Il faut renoncer aux idées reçues. Quand la nouvelle se rapporterait toujours au moment, le roman miserait sur la durée, l'écoulement du temps. *Une rose pour Emily*, de Faulkner, et *Wakefield*, de Nathaniel Hawthorne, résument en quelques pages toute une vie.

Quand on s'éprendrait du héros romanesque, on n'aurait égard qu'à la situation du personnage de la nouvelle. Faux : la petite Roque, Bartleby, saint Julien l'Hospitalier et Lenz, de Büchner, au même titre que Mme Bovary, Zeno ou Swann, sont des caractères magnifiquement familiers. Quand le roman serait d'essence symphonique, la nouvelle laisserait plutôt entendre une musique de chambre. Faux, encore. *Les Neiges du Kilimandjaro* constituent bien une symphonie. Et *Le Bal du comte d'Orgel*, un trio... *La Nuit transfigurée* de Schönberg, c'est une nouvelle. *La Suite lyrique* de Berg, un vrai roman.

En réalité, les deux genres n'ont pas la même vocation. Que l'observation ou l'imagination d'un écrivain s'empare d'une anecdote, il sait aussitôt s'il en fera le noyau d'une nouvelle ou la laissera se déployer, irradier dans le tissu d'un roman.

Quand on s'étonne du petit nombre de lecteurs de nouvelles – en France, bien sûr –, on souligne parfois naïvement que le genre s'accorde pourtant bien à une époque où la vie serait trépidante et fragmentée, et le temps réservé à la lecture, d'autant rétréci. Le raisonnement ne tient pas : le plus souvent, il faut lire lentement un texte bref et ne sauter aucune marche dans cet escalier, à peine de s'égarer, de laisser le secret tapi entre les phrases se dissoudre.

Le plus difficile : composer un recueil où les textes n'apparaissent pas seulement additionnés, mais traversés par un fil rouge, et surplombés par un dénominateur commun. En telle sorte qu'ils se répondent, interagissent les uns avec les autres.

Tout le poids de l'énigme – l'heure de la vérité – l'humilité de la confidence – un peu de voyance – simples sociologues s'abstenir.

Pour la nouvelle,
éditions Complexe, p. 21-25.

III. La nouvelle littéraire et le fait divers

1. Information et fiction

Dès le Moyen Âge la « nouvelle » désigne l'aventure que quelqu'un raconte. De nos jours, le mot appartient à la fois au registre de la littérature et du journalisme. Il s'applique à des récits inventés par des écrivains mais aussi à des événements de l'actualité, rapportés par la presse. Le même terme recouvre des textes qui ne sont pas soumis au même contrat de lecture et dont on prend connaissance dans des buts différents. Dans le premier cas la nouvelle est investie par l'imaginaire, le lecteur éprouve le plaisir de la fiction, alors que dans le second cas elle se leste de réalité : le lecteur fait l'expérience d'événements qui pourraient lui advenir.

Une conception quelque peu étriquée de la nouvelle littéraire a voulu réserver l'application du terme à des récits de type réaliste. On a tenté d'établir une frontière entre les nouvelles de Maupassant et ses « contes » fantastiques, entre les nouvelles des écrivains naturalistes (Zola, Huysmans) et les contes d'obédience symboliste (Villiers de l'Isle-Adam, M. Schwob). Mais l'artifice de ces distinguos ne résiste pas à l'épreuve de la lecture : l'appellation importe moins que le public visé et la structure du récit. Toutes sortes de sujets donnent matière à des nouvelles et l'effet de véracité n'est, après tout, qu'une convention parmi d'autres. Des événements qui se sont effectivement produits semblent parfois des « histoires extraordinaires », leur enregistrement a donné lieu à des recueils dont l'un fut justement intitulé *La Réalité dépasse la fiction* (Gallimard, « L'Air du temps », 1955). Inversement nombre d'histoires inventées passent pour des tranches de vie, criantes de vérité.

Il existe toutes sortes d'événements qui donnent à l'information ses matériaux. Au XVIIIe siècle, les gazettes diffusent de menus faits qu'elles intitulent « nouvelles à la main » : ces anecdotes animent la grisaille des pages et divertissent les lecteurs. D'autres nouvelles de presse suivent le schème du roman à épisodes et se déroulent dans la durée, tout en se référant à des faits réels : plusieurs jours, plusieurs mois, voire davantage pour la poursuite d'un criminel de guerre, pour tel hold-up ou tel assassinat qui donnent lieu à de longues enquêtes et à de nombreux rebondissements comme les affaires Barbie, Spaggiari ou Bakhtiar.

Toutefois, un type d'événement entretient avec la nouvelle littéraire une relation d'étroite parenté. Elle fait l'objet d'une rubrique particulière nommée, selon les cas, « informations générales » ou « faits divers ». Sous ces dénominations sont rassemblés des événements d'actualité. Le *Dictionnaire universel* de Pierre Larousse en présentait au XIXe siècle une définition qu'on peut aisément mettre à jour en ajoutant les désastres écologiques ou les catastrophes aériennes :

> « Sous cette rubrique, les journaux groupent avec art et publient régulièrement les nouvelles de toutes sortes qui courent le monde : petits scandales, accidents de voitures, crimes épouvantables, suicides d'amour, couvreurs tombant d'un cinquième étage, vols à main armée, pluies de sauterelles ou de crapauds, naufrages, incendies, inondations, aventures cocasses, enlèvements mystérieux, exécutions à mort... »

En quoi ces « nouvelles » d'information générale intéressent-elles l'étude de la nouvelle littéraire ?

En premier lieu les unes et les autres partagent volontiers des sujets communs. Au XIXe siècle les deux genres figurent sur le même support, les pages d'un journal ou d'un magazine. De nombreux lecteurs (et pas seulement de la presse dite populaire) prennent plaisir à lire des nouvelles dont le statut est indistinct du fait qu'elles procèdent à la fois de l'information et de la fiction.

Le 3 septembre 1883, *Gil Blas* fait paraître un fait divers : une jeune femme a disparu après avoir loué une chambre d'hôtel. Après inspection du lieu, on découvre dans la cheminée de sa chambre un paquet contenant le cadavre d'un nouveau-né. Plusieurs nouvelles de Maupassant traitent de l'infanticide : « La confession » (*Toine*), « L'enfant » (publié dans *Gil Blas*) ou encore « Rosalie Prudent » qui a paru dans ce même quotidien, avant d'être reprise dans *La Petite Roque*.

Maupassant - « Rosalie Prudent »

> La fille Prudent [Rosalie], bonne chez les époux Varambot, de Mantes, devenue grosse à l'insu de ses maîtres, avait accouché, pendant la nuit, dans sa mansarde, puis tué et enterré son enfant dans le jardin.
>
> Le cas de Rosalie pose problème au jury car en même temps que le cadavre de l'enfant, a été découvert le trousseau que sa mère lui avait amoureusement préparé.

Octave Mirbeau a également traité ce sujet. Il rapporte en direct le témoignage du dénommé Motteau qui est accusé d'avoir assommé le nouveau-né dont son épouse venait d'accoucher, et de s'être débarrassé du petit cadavre dans une carrière des environs :

> « Maintenant, monsieur le président, écoutez-moi bien… Il y a, au village de la Boulaie-Blanche, trente feux, c'est-à-dire trente femmes et trente hommes… Avez-vous compté combien, dans ces trente feux, il y a d'enfants vivants ?… Il y en a trois… Et les autres, et les étouffés, les étranglés, et les enterrés, les morts enfin ?… les avez-vous comptés ?… »

La France, 21 octobre 1885, repris dans Contes de la chaumière (voir Contes cruels, t. II, Séguier, p. 187-192).

En second lieu, et c'est là le point le plus important, qu'elle relève de l'information ou de la fiction, la nouvelle circonscrit un fait précis qui lui impose des limites strictes. Elle a pour objet de rapporter ce qui est arrivé à tel individu, en telles circonstances. L'événement particulier fournit au récit son contenu événementiel, son cadre, ses protagonistes. La singularité de l'histoire est dans bien des cas à double entente : elle relève de l'extraordinaire ou tranche suffisamment avec l'ordre ordinaire des choses pour mériter qu'on la raconte. Mais elle met aussi en exergue une personne singulière. Sur la scène de la nouvelle, le projecteur tend à éclairer un seul personnage ou un nombre limité de personnes.

2. Structure des faits divers

Les faits divers rendent compte de l'actualité par un bric-à-brac qui traduit l'anarchie de la vie. Ils pullulent comme autant d'anecdotes indépendantes les unes des autres, qui jamais n'interfèrent. Ils donnent à voir l'actualité par le petit bout de la lorgnette, dressent l'inventaire des drames de l'amour, des victimes de tous poils. Ils alignent à la queue-leu-leu les histoires de chiens écrasés, les énigmes, les dérapages qui révèlent la présence d'un destin tantôt badin, tantôt sournois. Ils se font suite sans esprit de suite, déclenchant le plaisir d'une surprise chaque fois renouvelée. Ils confrontent le lecteur à une théorie sans cesse confirmée des aberrations de l'Histoire.

Tout en rappelant que le fait divers n'est rien d'autre qu'« une nouvelle due à la brillante imagination des reporters », Alfred Jarry constatait qu'« il faut abandonner l'idée que le mot "divers" implique quelque variété dans les incidents (*Le Canard sauvage*, 27 septembre-3 octobre 1903, repris dans *La Chandelle verte*). Ce paradoxe apparent rend compte d'une intuition : aussi proliférants soient-ils, les faits divers répondent à un nombre de règles restreint, ils se caractérisent avant tout par des similitudes. Mieux vaut, pour en rendre compte de manière exhaustive, les appréhender en termes de typologie que de contenu.

Prenons l'exemple d'informations « brèves » qui ont paru dans l'une des pages intérieures du *Parisien libéré*, à la date du 7 décembre 1990. Disposées de manière symétrique sur la colonne de gauche et celle de droite, elles encadrent d'autres informations qui sont plus amplement développées (cf. pages suivantes).

Le Parisien Libéré

VENDREDI 7 DÉCEMBRE 1990

EN BREF

15 ans pour le mage

Quinze ans de réclusion, c'est la peine qui a été infligée par la cour d'assises de Toulouse au mage Agoulou (voir « Le Parisien » d'hier). Accusé du viol de deux jeunes femmes qu'il prétendait désenvoûter, Ludger Castelneau avait déjà été condamné, en 1978 à Marseille, à huit ans de prison pour des faits similaires.

L'ouvrier chute : Prétoria dans le noir

À la suite d'un accident du travail, Prétoria, la capitale d'Afrique du Sud, a été plongée dans le noir pendant plusieurs heures. Un ouvrier électricien, qui travaillait dans une nacelle, est tombé sur une ligne à haute tension, ce qui a provoqué la panne. Il souffre de brûlures au troisième degré.

Un truand abattu

Christian Tomasi, trente-trois ans, un Marseillais bien connu des services de police, se promenait avenue Jean-Moulin, à Vitrolles, près de Marseille. Soudain, une voiture le dépasse ; des coups de feu claquent. Atteint de plusieurs projectiles de 11,43, Tomasi s'effondre. Il devait mourir peu après. Règlement de comptes ? Selon les policiers du S.R.P.J. de Marseille, cette agression ne serait pourtant pas liée aux trois récents meurtres du mois de novembre, survenus après la tentative d'assassinat commise contre Jean Toci, le demi-frère de Gaétan Zampa.

Rabbin licencieux

Le chef du tribunal rabbinique de Tel-Aviv avait une drôle de méthode pour rendre justice. Il vient d'être condamné à six ans de prison pour chantage sexuel, une pratique exercée à l'encontre des femmes qui comparaissaient devant lui. Il a même reconnu s'être livré à un acte licencieux dans l'enceinte d'une synagogue.

Corse : un commando attaque une caserne de pompiers

Un commando de trois hommes armés et cagoulés a fait irruption hier soir dans une petite caserne des pompiers à Propriano (Corse du Sud) et s'est emparé de cinq postes émetteurs-récepteurs avant de s'enfuir. Les trois hommes ont neutralisé les quelques pompiers présents en les menaçant avec deux fusils mitrailleurs et un pistolet.

EN BREF

Miracle : sa radio lui sauve la vie

« Un véritable miracle ! » C'est un minuscule poste radio qui a sauvé la vie à Gary Lee, un jeune Californien de Los Angeles. Hier matin, alors qu'il vient d'avoir un accident de voiture, il se rend dans une cabine téléphonique pour appeler la police. Au même moment, deux jeunes s'avancent et lui lancent, menaçants : « Ton fric, vite... » Gary Lee s'exécute et sort cent dollars de son portefeuille. Tout à coup, l'un des agresseurs pointe une arme sur le cœur et tire. Sous l'impact, le jeune homme s'effondre. Il ouvrira les yeux quelques minutes plus tard, sain et sauf. La balle s'est logée dans le poste de radio situé dans sa poche intérieure.

Le Paris-Bruxelles en feu s'arrête à Goussainville

Un incendie a éclaté hier matin dans la locomotive du Paris-Bruxelles peu après avoir quitté la gare du Nord. Le convoi a dû s'arrêter à Goussainville où les pompiers ont maîtrisé le sinistre. Tout le monde est indemne mais trois cents voyageurs ont dû quitter le train et en prendre un autre deux heures plus tard.

MÉPRISE

Professeur de lycée, André Agoustin (55 ans) vit depuis plus de dix ans au deuxième étage d'un immeuble, cité La Coupiane à la Valette, près de Toulon. Mercredi soir, il lisait tranquillement en compagnie de sa femme lorsque, vers minuit, il entend des bruits bizarres près de sa porte. Des cliquetis, comme si quelqu'un voulait crocheter la serrure. Il n'hésite pas une seconde, saisit sa carabine 22 long rifle, l'arme, s'approche. Comme quelqu'un essaie encore d'introduire une clef, il ouvre la porte brutalement.
Et il reçoit un coup de poing. André Agoustin tire par réflexe et atteint le « cambrioleur » dans l'abdomen.
Celui qu'il croyait être un voleur est, en réalité, son voisin. Franck Delourme habite le même appartement situé juste au-dessus au troisième étage. Le jeune homme s'est tout simplement trompé de niveau. André Agoustin, effondré, comprend immédiatement sa méprise. Il se penche, Franck est mort. Les deux hommes se connaissaient bien et il n'y avait jamais eu le moindre différend entre eux. Le meurtrier a été placé en garde à vue.

Benoît Paraire.

Ces huit nouvelles provoquent tour à tour l'étonnement, la surprise ou l'horreur. Elles sont juxtaposées au hasard des dépêches communiquées par les agences ou les correspondants particuliers. Cependant, bien qu'elles n'aient rien à voir les unes avec les autres, elles laissent apparaître des similitudes, pour peu qu'on les considère d'un point de vue synthétique : le mage Agoulou condamné par la cour d'assises de Toulouse et le rabbin de Tel-Aviv usent tous deux de leur réputation pour abuser – au sens propre et figuré – de femmes qui avaient placé en eux leur confiance. Une même figure de rhétorique structure ces informations, celle de l'antithèse « qui oppose deux objets l'un à l'autre [...] ou un objet à lui-même en le considérant sous deux aspects contraires » (Fontanier, *Les Figures du discours*, « Champs », Flammarion, p. 379) :

le guérisseur / violeur
le chef du tribunal rabbinique / maître-chanteur.

De même, la figure du paradoxe (manière de penser, manière d'agir, qui heurtent l'usage ou la logique ordinaires) sous-tend d'autres informations où le lecteur apprend :

– qu'à Marseille un truand a été abattu par d'autres truands (c'est le schéma de l'arroseur arrosé) ;

– que le train Paris-Bruxelles s'est arrêté à Goussainville, dans la proche banlieue parisienne : les voyageurs ont dû attendre deux heures avant de repartir, soit à peu près la durée du voyage ;

– qu'en Corse un commando a neutralisé des pompiers dans leur caserne, c'est-à-dire qu'il a attaqué ceux-là mêmes dont la fonction est de protéger...

Trois autres nouvelles illustrent une proposition qui s'apparente à l'antithèse ou au paradoxe, du fait qu'elles donnent des exemples d'une relation aberrante entre un fait anodin et sa conséquence dramatique ou tragique : « Petites causes, grands effets », tel est le commentaire qui s'applique à ce type d'événements :

– La chute d'un ouvrier électricien sur une ligne à haute tension provoque une panne qui plonge dans l'obscurité la ville de Prétoria.

– Un Californien est agressé par des inconnus dont l'un tire sur lui à bout portant : il doit le salut à un pare-balles inattendu, le poste de radio qu'il porte dans une poche intérieure.

– En rentrant chez lui un jeune homme se trompe d'étage et est abattu par un voisin qui croit avoir affaire à un voleur.

Toutes ces nouvelles brèves comportent des circonstances particulières auxquelles elles doivent leur couleur locale, leur saveur propre. En quelques phrases, elles évoquent les relations de voisinage, les accidents du travail, les incidents, les drames de la vie quotidienne, les mœurs d'un pays, d'une région, d'un groupe social ou ethnique. Mais cette diversité, qui est source de pittoresque, s'articule chaque fois sur une action simple qui tient, selon les cas, en une ou deux phrases qu'expose éventuellement leur titre :

> « Il tue son voisin qui s'était trompé d'étage. »
> « Miracle : sa radio lui sauve la vie. »

Dans une étude devenue une référence classique, Roland Barthes s'est interrogé sur la signification, la structure et la nature du fait divers. Ce type d'événements se développe en marge de l'Histoire et de la vie politique, il privilégie toutes les déviations, les relations qui révèlent une causalité aberrante ou détraquée. Ils apparaissent d'autant plus notables qu'ils sont marqués par une disproportion ou une inadéquation : « Un train déraille en Alaska : un cerf avait bloqué l'aiguillage » ; « Des pêcheurs islandais pêchent une vache », etc. Cette causalité truquée, suspecte, dérisoire, manifeste la présence d'une « fatalité intelligente – mais inintelligible » : « un dieu rôde derrière le fait divers ».

R. Barthes oppose le fait divers aux autres informations : pour comprendre une manifestation d'agriculteurs ou un conflit international, il faut en connaître les enjeux, les tenants et aboutissants. Ce type d'événement existe en extension, par référence à toutes sortes de données contextuelles auxquelles ils doivent leur signification. Au contraire, le fait divers est une information autonome que R. Barthes qualifie d'*immanente* (*Dictionnaire* Robert : « Se dit de ce qui existe dans la nature d'un être »). Il n'est pas nécessaire d'en connaître les implications pour en saisir l'intérêt et le sens :

> « Au niveau de la lecture, tout est donné dans un fait divers ; ses circonstances, ses causes, son passé, son issue ; sans durée et sans contexte, il constitue un être immédiat, total, qui ne renvoie, du moins formellement, à rien d'implicite ; c'est en cela qu'il s'apparente à la nouvelle et au conte, et non plus au roman. C'est son immanence qui définit le fait divers. »

Roland Barthes, « Structure du fait divers », dans *Essais critiques*, Le Seuil, 1964, p. 189.

Comme le fait divers, la nouvelle forme un tout. Bien entendu, elle se réfère au monde et, à ce titre, elle sollicite le savoir du lecteur. Mais formellement, elle ne dépend pas d'un épisode antérieur, pas plus qu'elle ne laisse attendre un développement ultérieur. Sans antécédent et sans suite, elle jouit d'une parfaite autonomie, au même titre que la maxime, le proverbe ou la fable. On voit en quoi elle se distingue de toute autre « unité de narration » qui correspond à une péripétie qu'on ne peut sans altération, dissocier d'un ensemble, comme le passage de *Madame Bovary* (l'épisode des comices agricoles) que nous avons précédemment mentionné. Si la nouvelle de presse et la nouvelle de fiction se composent l'une et l'autre d'une unité simple de narration, celle-ci ne procède jamais d'un tout qui l'excède. Dans son cas, unité de narration et unité textuelle coïncident strictement.

3. L'exemple des « Nouvelles en trois lignes »

Les faits divers s'intéressent aux événements problématiques. Leur matériau pose deux termes à partir desquels le scénario s'organise. Pas d'histoire sans ces éléments matriciels qui la génèrent. Un énoncé simple explicite la composante binaire conforme au modèle qu'on a signalé :

(1) L'ouvrier chute ; (2) Prétoria dans le noir.

Gustave Lanson, songeant aux maximes de La Rochefoucauld ou aux portraits de La Bruyère dans ses *Caractères*, rêvait à des formes fixes de la prose. Cette utopie révèle la nostalgie des théoriciens rigoureux qui voudraient associer un genre à un sujet et à une forme déterminée avec quelque précision. Il se trouve qu'au début du XXe siècle un grand journal d'information, *Le Matin*, a constitué une rubrique qui se conforme aux règles de la forme fixe. Dans l'une des pages intérieures consacrées aux informations de « dernière heure », figuraient en effet des *Nouvelles en trois lignes*. Elles étaient consacrées à des lieux et des sujets divers (Paris, banlieue, province, théâtre, mouvement maritime, etc.) et répondaient à deux impératifs :

d'une part elles se référaient à l'actualité, c'est-à-dire qu'elles pouvaient être vérifiées, et, le cas échéant rectifiées. D'autre part, elles occupaient trois lignes de la colonne qui leur était réservée, soit 110 à 150 signes typographiques, ce qui implique une consommation rapide, quasi instantanée, de cinq à dix secondes pour chacune, selon qu'on adopte le rythme de la lecture rapide ou d'une lecture de délectation.

En 1906, cette rubrique est pendant quelques mois rédigée par Félix Fénéon, éminent critique littéraire et artistique de l'époque (il a notamment commenté les œuvres des peintres impressionnistes et néo-impressionnistes). Écrivain, il sait pleinement exploiter la double appartenance de ces « nouvelles ». En tant que genre journalistique, elles s'enracinent dans le terreau du réel et portent le sceau de l'authenticité. En tant qu'œuvres, elles témoignent du travail d'un auteur. Semblables à la chauve-souris de la fable, elles tiennent un double langage et sont en droit de proclamer tour à tour : « Je suis événement, voyez mon référent ! Je suis littérature, voyez mes accointances ! »

Ces œuvres anonymes n'ont été publiées sous le nom de leur auteur qu'après coup et à titre posthume (*Œuvres*, Gallimard, 1948 ; *Nouvelles en trois lignes*, Macula, 1990). À partir de quelques exemples représentatifs, on peut les caractériser à un double niveau qui intéresse la nouvelle littéraire. Elles ressortissent en effet au récit, plus précisément au récit miniaturisé (ou micro-récit), et elles manifestent, de manière perceptible, leur appartenance à la chose écrite, du fait que le lecteur y perçoit des effets de style :

> « La Verbeau atteignit bien, au sein, Marie Champion, mais se brûla l'œil, car le bol de vitriol n'est pas une arme précise. » (573)[1]
>
> « Prenant au mot son état civil, Melle Bourreau a voulu exécuter Henri Bomborger. Il survivra aux trois coups de couteau de son amie. » (594)
>
> « Le professeur de natation Renard, dont les élèves tritonnaient en Marne, à Charenton, s'est mis à l'eau lui-même : il s'est noyé. » (625)

1. Les références entre parenthèses renvoient à l'édition Macula.

On est bien chaque fois en présence d'un récit étonnant, de structure minimale : une agression dans les deux premiers cas, un accident dans le troisième. Ces faits divers comportent tous une *action*. Chaque fois l'événement est considéré par rapport à son résultat et pose un dénouement. Mais en même temps leur intérêt n'est pas uniquement d'ordre événementiel. Ils organisent des jeux de langage qui suscitent le plaisir de lire. Le premier se compose comme un quintil dont le distique terminal pose une petite « moralité » :

> « La Verbeau atteignit bien
> au sein, Marie Champion,
> mais se brûla l'œil,
> *car le bol de vitriol*
> *n'est pas une arme précise*. »

Le second transforme dans la première phrase un nom propre en destin, tandis que la deuxième phrase fait virer le drame passionnel en chanson enfantine par la référence à « trois coups de couteau ».

Quant au troisième, il doit son intérêt (on n'ose dire sa drôlerie) à un comble pédagogique. Mais ce serait peu de chose si le drame burlesque ne devait sa frappe à la récurrence de syntagmes de quatre syllabes qui se combinent en trois décasyllabes :

> « Le professeur de natation
> Renard
> dont les élèves tritonnaient
> en Marne… »

De manière indirecte, quelque peu inattendue, les faits divers éclairent le statut de la nouvelle littéraire qui sont des récits *écrits* à partir d'un nombre limité de données.

4. Du fait divers à la nouvelle littéraire

La parenté entre les faits divers et la nouvelle littéraire est rarement interrogée, tant on juge infranchissable la frontière entre l'écrit utilitaire et l'écrit esthétique. Or l'exemple des *Nouvelles en trois lignes* de F. Fénéon montre que les faits divers sont aussi des œuvres « écrites », que les textes les moins « littéraires » ne sont pas exempts de littérarité. Et les nouvelles « brèves » du *Parisien libéré* satisfont, elles aussi, le plaisir de lire.

Cela dit, si la nouvelle de presse et la nouvelle littéraire traitent parfois des mêmes sujets, elles se distinguent par leur mise en œuvre. Dans les deux cas on a bien affaire à une forme simple qui comporte un nombre réduit d'éléments que le lecteur appréhende intégralement dans un laps de temps limité. Mais sauf gageure (voir par exemple le « Conte froid » de J. Sternberg, plus haut, p. 8), la nouvelle littéraire se distingue du fait divers par l'exploitation des données minimales : aussi brève soit-elle, elle se présente comme l'expansion d'un noyau narratif.

Jean-Marie Le Clézio a intitulé l'un de ses ouvrages *La Ronde et autres faits divers* (Gallimard, 1982). Les onze nouvelles relatent des événements qui pour la plupart s'inspirent des « informations générales » : une femme accouche seule dans un *mobile home* (« Moloch »), des promoteurs s'ingénient à terroriser une vieille dame pour qu'elle libère le terrain qu'ils convoitent (« Villa Aurore »). La première nouvelle, qui donne son titre au recueil (« La ronde »), aurait pu figurer dans un quotidien de la presse régionale sous la forme suivante :

Dénouement tragique d'un vol à l'arraché

> « Alors qu'elle venait de dérober le sac à main d'une passante, hier vers 13h, place de la Liberté, une jeune fille en mobylette a heurté de plein fouet un camion de déménagement. Elle est morte sur le coup. Sa complice est parvenue à prendre la fuite. »

On inventorie aisément les diverses composantes de cette histoire : un moment et un lieu ; trois personnages (les deux agresseurs et leur victime) ; une action et quelques épisodes : le vol, la fuite, l'accident tragique ; une double moralité implicite, l'une édifiante (le châtiment d'un méfait) et l'autre philosophique (la démesure du destin) : autant de données réduites au minimum dans la nouvelle brève que nous avons constituée de toutes pièces. Elles pourraient être davantage exploitées dans une information occupant plusieurs colonnes d'un journal et elles fournissent à Le Clézio la matière d'une nouvelle représentative du genre.

L'écrivain fait la part belle à des circonstances et des caractérisations qu'un fait divers de presse ignorerait ou réduirait à leur plus simple expression. Le moment choisi ne dure que quelques minutes (sans précision aucune), aux environs d'une heure de l'après-midi. Mais une analepse (un retour en arrière) permet au lecteur de connaître les personnages, leurs liens et leurs mobiles. C'est la plus jeune, Martine, qui commet le vol du sac à main, mais c'est sa protectrice, Titi, qui en a eu l'idée et qui a proposé de passer à l'action en plein centre ville. On pourrait relever un à un les éléments qu'exploite l'écrivain : tâche de longue haleine car il multiplie à plaisir indices et effets de sens. C'est ainsi que l'ami de Titi a prêté à celle-ci un vélomoteur et qu'il est « peut-être » le véritable instigateur du forfait (cf. p. 13 dans l'édition « Folio »). L'action est placée sous l'égide d'un soleil qui brille au zénith : tandis que les deux mobylettes pétaradent, sa lumière étincelle dans les cheveux rouges de Titi, Martine croit voir fondre sous ses rayons le goudron de la rue. Et c'est encore sa lumière cruelle qui sert de clausule au récit : le fermoir doré du sac à main, près de la jeune fille tuée par le camion de déménagement, « jette aux yeux des éclairs meurtriers » (p. 24).

C'est évidemment aussi par la présence manifeste d'un narrateur que la nouvelle littéraire se distingue. Dans « La ronde » il perçoit les événements en privilégiant le point de vue de Martine. Il ressent tour à tour ses inquiétudes (« Elle voudrait s'arrêter, s'allonger n'importe où » p. 16) puis son impatience (p. 18). Il fait connaître au lecteur le cadre dans lequel l'action se déroule, évoque les immeubles neufs semblables « à des yeux éteints », il s'interroge sur leurs habitants, rivés devant leurs postes de télévision, parmi lesquels se trouvent peut-être les parents de Martine et de Titi : « Comment pourraient-ils savoir ? »

Semblables en tant qu'histoires, le fait divers et la nouvelle littéraire diffèrent en tant que narrations. Ils partagent cependant des caractéristiques qui révèlent la spécificité du récit bref. En premier lieu ils mettent en œuvre une forme simple dont les éléments constitutifs (l'action, les personnages, les décors, etc.) sont en nombre limité. En second lieu ils forment un tout qui porte la marque de l'irrémédiable : quel que soit leur dénouement, celui-ci, en effet, ne laisse jamais attendre une suite. À la fin de la nouvelle l'action est arrêtée une fois pour toutes. Forme simple, close sur elle-même, la nouvelle délimite un espace de fiction autarcique. Chaque histoire y vaut pour elle-même et se suffit à elle-même.

LECTURES CONSEILLÉES

BARTHES R.,
« Structure du fait divers », *Médiations*, 1962, repris dans *Essais critiques* (1964), « Points », Le Seuil.

FÉNÉON F.,
Nouvelles en trois lignes, présentation de Patrick et Roman Wald-Lasowski, Macula, 1990.

GROJNOWSKI D.,
« F. Fénéon ou l'art de la dépêche », *Critique*, janvier-février 1991.

Revues

Autrement, « Faits divers », avril 1988.

Le Français aujourd'hui, « Le fait divers », numéro spécial, décembre 1988.

DOCUMENT

La ville de Montreuil a organisé un concours de nouvelles (en 1991) sur le thème des *faits divers*. Le nouvelliste G.O. Châteaureynaud (auteur de nombreux recueils : *La Belle Charbonnière*, Grasset, 1976 ; *Le Héros blessé au bras*, Grasset, 1987) a présenté les lauréats dans un éditorial dont nous reproduisons ici un extrait :

Dans un vrai beau fait divers, la banalité et la Fatalité se confondent, se conjuguent, au sens étymologique : s'épousent. Dans chaque fait divers, c'est peut-être de nous qu'on parle à mots couverts, nous qui écoutons et sentons souffler dans les journaux le vent du boulet de hasard ou de nécessité qui a emporté la tête de notre voisin dans la foule. Les écrivains le savent bien. On pourrait citer Zola, Fénéon bien sûr, Gaboriau, mais en réalité tous, un jour ou l'autre, ont miaulé en tournant autour de la rubrique des faits divers comme des chats affamés autour d'un panier de sardines. Dans le fait divers, c'est le destin qui se fait romancier ou nouvelliste. Oh, il ne force pas toujours son talent. Il faut le plus souvent ajouter ou retrancher quelque chose à la matière brute qu'il dispense à jet continu. Il faut l'irradier d'un regard autre, pour en révéler les potentialités cachées.

IV. Usages de la nouvelle

La nouvelle occupe un territoire délimité, qui se situe à l'arrière-plan de l'actualité. En France, à la saison des prix littéraires, un nouvelliste n'a aucune chance d'emporter la palme : seul le jury du prix Goncourt récompense par une « bourse » un recueil de nouvelles dont le titre, en dépit de cette distinction, passe inaperçu du grand public. Toutefois son caractère protéiforme rend la nouvelle présente dans la vie culturelle. D'une part elle emprunte des formes variées qui intéressent des publics dont les goûts et les appartenances diffèrent radicalement. D'autre part, si une nouvelle ne permet pas de remplir le volume d'un ouvrage à elle seule, elle peut fournir au cinéma ou à la télévision la matière d'un scénario. Elle peut également occuper des espaces divers dans la presse (quotidiens ou magazines), sur la scène (adaptations théâtrales) ou sur les ondes radiophoniques. Ces différents usages font apparaître ses caractéristiques.

1. La nouvelle exemplaire : les projets de Nathaniel Hawthorne

Un certain nombre de récits brefs, comme les paraboles, les fables, sont traditionnellement conçus à des fins didactiques. La littérature « à usage de la jeunesse », exploite abondamment ces écrits édifiants. Les « contes moraux » (c'est le titre d'un volume que Marmontel publie en 1763 en réactualisant l'« *exemplum* » du Moyen Âge) ont trouvé leur contrepartie dans une tradition qui les réfute ou qui les tourne en dérision (contes immoraux, paraboles absurdes, moralités facétieuses). Mais ceux-ci ne font que rendre hommage (comme le vice à la vertu) à la vocation de tout récit bref.

C'est à l'occasion d'un compte rendu de deux recueils de N. Hawthorne, *Twice Told Tales* (*Contes deux fois contés*, 1842), et *Mosses from an Old Manse* (*Mousses d'un vieux manoir*, 1846), qu'E. Poe a exposé sa théorie de la nouvelle (voir p. 26-27). Il y classe l'auteur au nombre des écrivains qui parviennent à mettre l'allégorie « en sourdine », en la rendant « visible seulement comme une ombre » : le sens suggéré, incorporé au sens littéral, y forme, selon lui, « un courant sous-terrain *des plus profonds*, ne se mêlant jamais au courant de surface ».

Or le journal intime de Hawthorne comporte un nombre considérable d'« idées » de nouvelles qui ont été couchées sur le papier sans avoir été développées par la suite (voir la bibliographie p. 68). Il s'agit de simples germes qui nous introduisent dans son laboratoire en nous permettant de distinguer ce qui représentait pour lui la donnée minimale de ses récits. On est frappé de prime abord par l'importance qu'y occupe la leçon morale ou philosophique, tout se passant comme si, chaque fois, l'anecdote relatée était assimilée à une sorte de parabole profane. Voici quelques exemples empruntés à un carnet de 1837 :

> « Un vieil homme, par un jour d'été, est assis au sommet d'une colline ou sur le balcon de sa maison. Il voit le soleil se poser sur des endroits qui sont liés aux événements de sa vie passée : l'école, le lieu où sa femme a vécu quand elle était jeune fille. Les rayons du couchant tombent sur le cimetière. » (p. 35)[1]
>
> « Un homme menant une vie scélérate en un endroit et, simultanément, une vie pieuse et vertueuse en un autre endroit. » (p. 39)
>
> « Un bijou porté par une dame, un cœur orné de pierreries, par exemple. Bien des années plus tard, il vient à se briser, ou on l'ouvre, et il s'en échappe une odeur méphitique. » (p. 39)

La plupart des scénarios sont résumés dans le Journal en quelques lignes : une, deux ou trois pour les plus courts, une

---

1. Toutes les références renvoient à N. Hawthorne, *Carnets du reclus*, Fata Morgana, 1987.

douzaine pour les plus longs. L'idée de nouvelle se formule parfois abstraitement, indiquant *a priori* le sens qu'un récit viendra ensuite illustrer : « Une histoire qui montre à quel point nous sommes tous victimes et bourreaux, et tirons vengeance les uns des autres » (p. 39). Inversement, le point de départ peut être fourni par un objet pittoresque à partir duquel sont envisagés un support et un public, en l'occurrence la page d'un périodique destiné aux jeunes lecteurs : « Faire un article où on raconte à un enfant les histoires des carreaux de faïence des cheminées de l'ancien temps » (p. 36). Presque toujours, la nouvelle est pour Hawthorne un récit significatif, voire édifiant, chargé en tous cas de provoquer la réflexion.

De toute évidence, une telle conception est doublement marquée par une tradition et par l'environnement d'une société puritaine, pour lesquels une morale accompagne nécessairement un récit digne d'intérêt. Mais par-delà ce caractère historiquement daté, on peut se demander dans quelle mesure la nouvelle n'est pas vouée, pour des raisons constitutives, à produire des effets de type allégorique.

Comme elle présente une étude de cas, elle confère au contenu de l'histoire un statut particulier. Alors que dans le roman les situations se succèdent et s'enchevêtrent de manière aléatoire, souvent contradictoire, que la pluralité des points de vue, des épisodes, tend à compliquer la signification globale, l'isolement d'un événement, d'un ou de plusieurs personnages, la mise en place de types et de stéréotypes, qui sont propres au récit bref, invitent le lecteur à l'extrapolation : il passe du cas d'espèce à la généralisation, du sens littéral à un sens symbolique. S'il revient aux auteurs de réfréner, au besoin, le sens figuré de leurs récits, il leur est difficile d'interdire le processus qui voue ceux-ci à l'exemplarité.

2. Des chroniques aux recueils de nouvelles

On a vu le parti que la nouvelle littéraire tire des faits divers et des menus événements de l'Histoire. Elle se confond alors avec la « chronique » qui enregistre des épisodes de l'actualité : le terme désigne un texte ou un ouvrage qui les rapporte suivant un ordre de succession. Dans la préface de son roman *Chronique du règne de Charles IX*, Prosper Mérimée insiste sur le caractère symptomatique des faits qu'il présente à son lecteur : « Je n'aime dans l'histoire que les anecdotes, et parmi les anecdotes, je préfère celles où j'imagine trouver une peinture vraie des mœurs et des caractères à une époque donnée » (on note qu'il a pleinement conscience d'*imaginer* les réalités historiques dont il rend compte à partir de documents). De même, Stendhal conçoit ses *Chroniques italiennes* comme « des vues prises d'après nature » (cf. projet de préface). Et d'annoncer, dans le paragraphe préliminaire de la première, « Vittoria Accoramboni, duchesse de Bracciano » :

> « Malheureusement pour moi comme pour le lecteur, ceci n'est point un roman, mais la traduction fidèle d'un récit fort grave écrit à Padoue en décembre 1585. »

Ainsi les auteurs utilisent l'appellation « Chroniques » pour mettre l'accent sur la véracité des sujets qu'ils traitent : les *Chroniques du* XX*e siècle*, de Paul Morand (1925), regroupent quatre de ses recueils : *L'Europe galante, Bouddha vivant, Magie noire* et *Champion du monde*.

Du fait qu'elles font référence à des réalités historiques précises (dates, lieux, milieux), d'innombrables nouvelles rendent compte de la vie quotidienne : en Russie (Tchekhov), en Italie (Pirandello), en Grèce (Hadzis), aux États-Unis (Paley) – ou encore en France, pour peu qu'on opère dans le vaste corpus des nouvelles de Maupassant des regroupements thématiques : chroniques paysannes, africaines ; chroniques de la vie des filles, des classes moyennes (*Les Dimanches d'un bourgeois de Paris*).

Ce genre de récit trouve aisément place dans les colonnes d'un journal ou les pages d'un périodique, qui se consacrent sur des modes divers à l'actualité.

En raison de leur concision, les nouvelles sont faciles à imprimer et à diffuser, ce qui favorise leur succès dans les pays « en voie de développement » ou soumis à des régimes autoritaires. Du fait qu'elles font connaître des aspects de la vie que les dirigeants souhaitent tenir cachés, du fait aussi qu'elles suscitent des comportements, des jugements, elles prennent valeur de libelles. Publié clandestinement en 1942, sous l'occupation allemande, aux éditions de Minuit, *Le Silence de la mer* de Vercors (H. Bruller) a rallié d'innombrables lecteurs français à l'esprit de résistance.

Plus récemment, pour nous en tenir à un seul exemple, le régime « socialiste » finissant a vu paraître en Union soviétique, légalement ou sous forme de *samizdat* (« auto-édition »), toutes sortes de récits qui ont fait connaître à l'opinion des aspects peu conformes aux modèles diffusés par la propagande officielle. « La main droite », d'Alexandre Soljenitsyne, dresse le portrait d'un ancien héros de l'armée révolutionnaire, devenu un vieil homme réduit à la mendicité. Il a jadis tué au sabre un tas de « salopards », si on en croit l'attestation loqueteuse, datée de 1921, qu'il brandit sous les yeux de qui veut bien s'intéresser à lui (cette nouvelle, écrite en 1964, a été publiée en 1970 dans un recueil intitulé *Zacharie l'escarcelle*, aux éditions Julliard).

Varlam Chalamov, de son côté, a écrit plus d'une centaine de récits qui relatent son expérience des camps de travail forcé en Sibérie, où se côtoient les prisonniers politiques et les droits communs. D'abord publiées clandestinement, ces chroniques ont été traduites en trois volumes intitulés *La Kolyma* (éditions F. Maspéro, 1981. Les tomes I et II ont été repris dans la collection Biblio-poche). Elles rapportent, sur le mode du témoignage, une véritable saga de l'horreur et du mépris de l'homme : deux prisonniers déterrent un cadavre gelé pour le dépouiller de ses vêtements (« La nuit ») ; le narrateur subtilise la lettre d'une jeune femme qui dénonce son père comme « ennemi du peuple » (« L'apôtre Paul ») ; un gardien tire sur un prisonnier qui cueille des baies au-delà de la limite autorisée puis, d'un deuxième coup de feu, il simule la sommation réglementaire (« Les baies »).

Il faut évaluer avec discernement la valeur « documentaire » de tels récits qui sont également exemplaires et littéraires. Ils regroupent cependant des sujets semblables, à coloration vériste. Et ils satisfont à la fois le désir de connaître et celui de s'évader.

Quoi qu'il en soit, les volumes de « chroniques » représentent un moyen commode de donner à des écrits publiés en ordre dispersé dans des périodiques (et voués de ce fait à l'oubli) un statut de *livre*. Le plus souvent les recueils de nouvelles sont constitués après coup, ce qui n'empêche pas qu'ils doivent être considérés comme des œuvres concertées, composées en ensemble.

Différents principes président à leur organisation : simple juxtaposition informelle de faits divers (*La Ronde*, de J.-M. Le Clézio) ou de récits bucoliques (*Paroles de laine*, de J.-L. Trassard). Composition plus ostensible qui invite à discerner une architecture, un dessein, comme dans *Le Livre de Monelle* de M. Schwob, qui distingue trois parties : « Paroles de Monelle », « Les sœurs de Monelle », « Monelle ». Quel que soit le choix de l'auteur, la suite des récits fait sens et invite à un certain parcours.

On se contentera de signaler l'organisation très concertée des *Armes secrètes* de J. Cortázar, telle que l'imposent les trois parties du recueil. Signalées par des chiffres romains, elles répartissent les onze récits avec un évident souci de pondération. Alors que dans les deux premières prime l'interférence entre ce qu'on appelle la « réalité » et des réalités d'un autre ordre (le rêve, la fable, le fantastique), dans la troisième partie l'observation du point de vue d'un personnage l'emporte : comme si se résorbait dans le déroulement de la lecture des différentes nouvelles, toute distinction entre l'extraordinaire et l'ordinaire, le réel et l'irréel. La table des matières établit une solidarité étroite entre des récits qui initient le lecteur à une vision des choses.

3. La nouvelle dans la presse du cœur

On considère souvent que les nouvelles sont destinées à une élite de lecteurs particulièrement bien exercés mais on n'aura pas de mal à démentir cette idée reçue.

Dans les magazines populaires toutes sortes de nouvelles – policières ou de science-fiction, par exemple – connaissent les faveurs d'un public plus avide d'aventures que de belle écriture. Elles occupent une place importante dans les publications qui relèvent de la « para-littérature ». Elles sont le fait d'auteurs qui tantôt écrivent à des fins alimentaires, mais tantôt aussi pour le plaisir de raconter une belle histoire et de captiver leurs lecteurs. Pour cette raison au moins, elles méritent de retenir l'attention, d'autant qu'elles révèlent, sur un mode simplifié jusqu'au schématisme, certains caractères essentiels du récit bref. Pour discerner les qualités des nouvelles littéraires, il n'est pas inutile de connaître les nouvelles de la presse populaire.

Quelques hebdomadaires destinés à un lectorat principalement (mais non uniquement) féminin, publient des nouvelles illustrées de dessins ou de photographies, en même temps que des conseils pratiques, des horoscopes ou des romans-photos. Un exemplaire de *Nous Deux*, daté du 22 au 28 septembre 1992, n'en compte pas moins de quatre. Quoique disséminées dans le numéro, elles se font suite dans le sommaire sous des appellations moins rigoureuses qu'incitatives : « Passion », « Évasion », « Suspense », « Sentiments ». Leur résumé fait ressortir leurs centres d'intérêt :

Quatre nouvelles de *Nous Deux*

– Dans « L'homme du Caire », de F. Langé, Jérôme, un petit garçon de dix ans, orphelin de sa mère, rejoint son père qui est égyptologue. Il se fait passer pour un enfant martyr auprès d'Arlette, l'hôtesse de l'air qui s'occupe de lui. À l'arrivée, Arlette prend conscience des fabulations de l'enfant, mais elle réalise aussi l'acuité de son propre manque affectif. « Je vais rester », déclare-t-elle pour la plus grande joie de Jérôme, au sympathique égyptologue : « Oui, j'ai bien envie de visiter vos fouilles ».

– « Le Bel Été », de L. Retlaw (sans rapport aucun avec l'œuvre de C. Pavese) met en présence deux couples d'étudiants en vacances près de la mer. Un retour en arrière nous apprend comment l'un d'eux, Paule et Lucas, encore uni l'an dernier, a été amené à rompre. Paule s'est laissée prendre par une passion destructrice pour un homme marié, un avocat célèbre que ses ambitions politiques empêchent de divorcer. Laure et Mathieu ont fait connaître à Lucas, blessé à vif par la trahison de Paule, leur amie, Claire, une étudiante en médecine qui se prépare à « vivre un véritable sacerdoce ». Lucas, à la fin de la nouvelle, parvient à oublier le passé et à percevoir en elle un amour possible.

– « Machination diabolique » rapporte une substitution d'identité machinée par la police politique de l'Allemagne de l'Est, la Stasi. Mais le mari finit par retrouver son épouse.

> – Dans « Rencontre sur la place », une jeune femme qui est en train de rompre avec son ami, fait la connaissance, en promenant son chien, d'un célibataire. Ils s'aperçoivent l'un et l'autre que tous leurs goûts les rapprochent.

Quels traits communs ressortent de la comparaison entre ces différentes nouvelles ?

– Elles sont de longueur comparable (2 à 3 pages chacune).

– Elles traitent toutes un sujet sentimental et présentent des variations sur le thème du couple et de l'amour.

– Leur action suit également la même configuration. Le dénouement heureux y est de règle. Il résout chaque fois un déséquilibre (ou un manque) qui est exposé au début.

– Elles affectionnent les jeux de symétrie qui font décrire aux personnages des figures de ballet. Voici, à titre d'exemple, « Le Bel Été », de la situation initiale à la situation finale :

Mathieu + Laure	→	Mathieu + Laure	→	Mathieu + Laure
Lucas + Paule	→	Lucas ≠ Paule	→	Lucas + Claire

– Elles caractérisent avec insistance, d'un trait simple, le « manque » du personnage principal. Par exemple, Anna, dans « Rencontre sur la place », est à plusieurs reprises préoccupée par le « vide » et la « solitude » de sa vie.

– Elles mettent en place peu de personnages (un homme, une femme plus quelques comparses, médiateurs ou faire-valoir) et se concentrent sur un épisode unique. Une seule de ces nouvelles, « Une machination diabolique », associe l'histoire d'un couple à la grande Histoire : les retrouvailles du mari et de son épouse coïncident avec la chute du Mur de Berlin.

– Enfin, chacune est consacrée à une expérience de première importance. Un couple désuni par les manigances des services secrets, par les errements de l'un des partenaires ou par la simple mésentente, se recompose sous une forme nouvelle. Un enfant retrouve une mère et, du même coup, il remédie à la solitude de son père et d'une hôtesse de l'air, qui ne demandaient qu'à se rencontrer.

En raison même de leur simplisme et de leur caractère répétitif (*Nous Deux*, qui tirait, il y a une dizaine d'années, à plus de 700 000 exemplaires, s'adresse à des lectrices « socialement défavorisées »), ces nouvelles répondent à des attentes précises.

Elles ont pour vocation de nouer un lien décisif entre une femme à laquelle la lectrice s'identifie, et un homme attachant. Leurs scénarios découpent dans la trame d'une existence un moment qui fait date. Ils ne cessent de mettre en scène ce qui apparaît aux lectrices comme des expériences essentielles, fondatrices d'une identité que définit la vie à deux. Une page se tourne, une union débute, chaque aventure marque un renouveau.

4. La nouvelle au cinéma

Outre les magazines populaires (dont il n'est pas dit qu'ils sont irrémédiablement soumis à des écritures et des scénarios convenus), la télévision et le cinéma offrent à la nouvelle une large audience. Cela au prix d'une transposition qui oblitère leur appartenance à l'écrit, mais non sans effets bénéfiques. De nombreuses nouvelles, en effet – mais aussi des recueils et des auteurs – ont été portés à la connaissance du grand public par des adaptations cinématographiques. Citons, à titre d'exemples :

L'Ami retrouvé, de J. Schatzberg, d'après Fred Uhlman (Folio).

Le Festin de Babette, de G. Axel, d'après Karen Blixen (Folio).

L'Accompagnatrice, de C. Miller, d'après Nina Berberova (Actes Sud).

La nouvelle fait bénéficier le cinéma de la renommée d'un titre (*Le Manteau* de Gogol, adapté par A. Lattuada) et d'un « beau sujet » : une action resserrée, concentrée sur un environnement et des personnages caractérisés. L'adaptation, en retour, avère le récit par des décors et par des acteurs qui lui apportent la valeur ajoutée des « vedettes » : *Les Neiges du Kilimandjaro* d'Ernest Hemingway, réalisé par Henry King, est interprété par Gregory Peck, Susan Hayward et Ava Gardner…

Il arrive parfois qu'un texte de qualité est exploité par un metteur en scène qui est lui-même un créateur de premier ordre. La référence à des adaptations célèbres permet de distinguer la spécificité de la nouvelle littéraire, comme le montre l'exemple de trois grands films « classiques » : *Une Partie de campagne* de Jean Renoir (1936), *La Maison Tellier* de Max Ophüls (1952) et *Blow up* de Michelangelo Antonioni (1967).

Ces trois adaptations optent chacune pour la fidélité soit à la lettre (J. Renoir, M. Ophüls) soit à l'esprit (M. Antonioni) du texte qui les inspire. Il n'en demeure pas moins qu'elles imposent des transformations de toutes sortes.

D'une part le récit filmique opère une translation du lisible au visible. Entre les deux modes d'expression, la discontinuité est insurmontable. En réalisant une « mimésis » apparemment parfaite, le cinéma trahit la nouvelle qui est d'essence verbale, et non pas iconique.

D'une œuvre à l'autre

Mettre en images une histoire, c'est l'adapter à des niveaux différents. Le film donne à voir ce que le texte donne à imaginer : mais comment admettre que des interprètes, même aussi remarquables que Madeleine Renaud ou Sylvia Bataille, offrent un équivalent satisfaisant de la « patronne » (« La Maison Tellier ») ou d'Henriette (« Une partie de campagne ») ? D'autre part, le film propose une lecture de l'œuvre nécessairement partiale. Un épisode, une scène, un détail du récit sont omis ou, au contraire, mis en évidence par un plan, une séquence, qui leur accorde une importance inattendue. Chaque élément de l'adaptation est un moment de création. Dans sa version de « La Maison Tellier », M. Ophüls filme l'épisode des retrouvailles entre les prostituées et leurs clients (troisième partie de la nouvelle) en se postant à l'extérieur. Ce parti pris autorise une grande mobilité de la caméra et il impose un point de vue original d'observateur indiscret ou voyeur. Mais il dénature la logique de Maupassant qui oppose nettement la troisième partie de la nouvelle à la première : exclus d'une soirée de la maison close, les notables la réintègrent pour la satisfaction de tous !

De même, J. Renoir, fidèle à son ascendant (il est le fils du peintre Auguste Renoir), accorde dans *Une Partie de campagne* une part prépondérante à la nature, et tout particulièrement au fleuve, à l'eau. Cette référence « impressionniste » infléchit l'histoire dans un sens poétique qui la transforme radicalement. Quant à *Blow up*, Antonioni est amené dans son « adaptation » à raconter une tout autre histoire : ce qu'imagine le narrateur de la nouvelle (« Les fils de la Vierge ») de J. Cortázar, est matérialisé dans son film par un objet réel, qui sera, pour cela même, détruit par ceux qu'il compromet (il s'agit d'un négatif prouvant qu'un meurtre a été commis).

L'activité narratrice

Dans son adaptation de « La Maison Tellier », M. Ophüls utilise une voix « off » pour traduire la présence du narrateur, telle qu'elle se manifeste dans la nouvelle de Maupassant. Le cinéma parvient ainsi à préserver quelques citations du texte originel. Mais il s'agit de vestiges d'un récit qu'il ne peut traduire. Si le sujet traité – l'histoire, l'argument – est bien le même dans les deux cas, la nouvelle relève spécifiquement de la narration, de la prise en charge d'une histoire par une voix irréductible à la transposition.

Le narrateur des « Fils de la Vierge » compose son récit comme un puzzle. À grand renfort de ruptures, d'ellipses, de digressions, il construit de toutes pièces, selon ses propres termes, « une vérité qui n'est que ma vérité ». Si le verbe « raconter » est répété une douzaine de fois dans les trois premières pages, c'est que pour Cortázar cette nouvelle, comme toute histoire, relève, par définition, d'une activité narratrice.

De son côté, J. Renoir, dans *Une Partie de campagne*, adopte une position humaniste. Il considère avec indulgence des personnages dont les aventures ordinaires sont confrontées au flux naturel de la vie. Cette attention tranche avec la complexité des registres du narrateur de la nouvelle. Tour à tour complice et distant, cruel et attendri, lyrique et grivois, celui-ci ne cesse de modifier sa relation qui parfois confine à l'indécidable. Comment savoir, par exemple, si la longue évocation de l'oiseau, qui accompagne l'étreinte des deux amants, est à prendre comme une métaphore poétique ou sarcastique ? Les deux variations sur une donnée commune mettent en lumière la spécificité de chaque mode d'expression.

LECTURES CONSEILLÉES

ANNENKOV G.,
Max Ophüls, Le Terrain Vague, 1962, chapitre 3.

HAWTHORNE N.,
« Idées et germes de nouvelles », traduit de l'anglais par Valéry Larbaud, *Commerce*, 1929. Repris sous le même titre aux éditions Fata Morgana, 1979.
Carnets du reclus, Fata Morgana, 1987. Traduction française par J.–Ph. Segonds de *Notes for Tales and Sketches*, Ohio State University Press, 1972.

METZ C.,
Langage et cinéma, Albatros, 1982.

SULLEROT E.,
La Presse féminine, Armand Colin, 1967.

L'Avant-scène, n° 21, décembre 1962, découpage intégral d'*Une Partie de campagne* de Jean Renoir.

Poétique de la nouvelle

Même si on s'en tient à la littérature occidentale moderne et contemporaine, le répertoire des auteurs de nouvelles apparaît d'une richesse inépuisable : classiques du XIXe et du XXe siècle, adeptes de la nouvelle fantastique, policière ou humoristique, tâcherons et virtuoses, rénovateurs du genre, représentants d'une école, d'une esthétique, on n'en finirait pas de citer des noms, d'établir des listes, de découvrir à toute époque des œuvres de premier ordre. Nous reproduisons dans la bibliographie (voir p. 201) une liste qui donne idée de cette infinie variété. C'est pourquoi il faut prendre le parti d'une approche qui s'en tient à un nombre limité d'œuvres qu'on tient pour représentatives.

Nous nous sommes efforcé de rendre compte de la nouvelle sans oublier que le plaisir de lire importe plus que la taxinomie. Nous avons donc mentionné toutes sortes de titres, en postulant que ce beau désordre donnerait une idée de la variété des espèces. Mais afin de ne pas disperser l'attention, nous nous sommes régulièrement référé à quelques recueils, en privilégiant des éditons courantes, si possible en collection de poche, et qui, en cas de traduction, offrent une garantie de sérieux. Les neuf auteurs suivants ont dont été retenus, non sans arbitraire, comme représentatifs du genre :

Jorge Luis **BORGES**

Fictions, 1956 et 1960, traduit de l'espagnol par P. Verdevoye, Ibarra et R. Caillois, Gallimard, 1957 et 1963 (édition augmentée en 1983), Folio.
Le Rapport de Brodie, 1970, traduit de l'espagnol par F.-M. Rosset, Gallimard, 1972, Folio.

Julio **Cortázar**

Les Armes secrètes, 1959, traduit de l'espagnol par L. Guille-Bataillon, Gallimard, 1963, Folio.

Franz **Kafka**

Un Artiste de la faim et autres récits, traduit de l'allemand par Claude David, Gallimard, 1990, Folio (ce volume comprend deux recueils que Kafka a publiés de son vivant, *Un Médecin de campagne*, *Petits récits*, 1919, et *Un artiste de la faim*, 1924).

Jean-Marie-G. **Le Clézio**

La Ronde et autres faits divers, Gallimard, 1982, Folio.

Guy de **Maupassant**

Boule de suif et *La Maison Tellier*, Folio.

Flannery **O'Connor**

Les braves gens ne courent pas les rues, 1953, traduit de l'américain par H. Morisset, Gallimard, 1963.

Edgar **Poe**

Contes, traduits de l'anglais par C. Baudelaire (traduction complétée et commentée par J.-M. Maguin et C. Richard, « Bouquins », R. Laffont, 1989).

Anton **Tchekhov**

Le Violon de Rotschild (choix de contes traduits du russe par A. Markowicz), Alinéa, 1986.

Jean-Loup **Trassard**

Paroles de laine, Gallimard, « L'Imaginaire », 1969.

Dans ce chapitre consacré à la « poétique de la nouvelle » nous distinguerons, par un artifice de présentation, la morphologie de la nouvelle et les stratégies d'écriture, c'est-à-dire les techniques d'expression. La morphologie concerne les éléments constitutifs du récit bref : les lieux, les personnages, l'action, son déroulement, sa durée. Elle désigne le contenu, une histoire que le lecteur découvre, qu'il peut raconter et résumer, ou qui peut, le cas échéant, être transposée, adaptée. Les techniques d'expression relèvent pour leur part des options que les auteurs mettent en œuvre. Elles recouvrent des manières de faire qui intéressent l'*art* de la nouvelle : une manière de capter l'intérêt, de caractériser, d'organiser, de disposer des indices, de produire des effets, bref, de constituer une histoire en récit.

À titre d'illustration, reportons-nous à « Mateo Falcone », une nouvelle de Mérimée qui a paru dans *La Revue de Paris* en mai 1829, et qui ouvre son recueil *Mosaïque* (1833). Bien qu'elle soit la première qu'il ait écrite, elle s'impose, par son dépouillement, comme un classique du genre.

Prosper Mérimée - « Mateo Falcone »

> Dans la région de Porto-Vecchio, près d'un maquis, Mateo Falcone mène l'existence fière et rude d'un patriarche corse. Il a marié ses trois filles et n'a qu'un fils unique, Fortunato, âgé de dix ans. Il part un matin avec sa femme visiter l'un de ses troupeaux. L'enfant garde la maison, lorsque surgit un homme blessé, poursuivi par des soldats. Il demande à l'enfant de le cacher et lui donne en récompense une pièce de cinq francs. Quelques minutes plus tard arrivent six hommes en uniforme, commandés par un adjudant. Comme l'enfant se dérobe à leurs questions, l'adjudant tire de sa poche une montre en argent pour tenter l'enfant. Partagé entre le devoir d'hospitalité et la convoitise, celui-ci succombe bientôt et révèle aux soldats la cachette. Quelques instants plus tard Mateo Falcone est de retour, accompagné de sa femme. Il apprend la trahison de son fils. Une fois que les soldats ont quitté les lieux avec leur prisonnier, il demande à son fils de le suivre. Arrivé près d'un ravin, il l'invite à dire ses prières puis il le met en joue et le tue.

Ce résumé tente de restituer les principales composantes d'une nouvelle de vingt pages environ : une localisation qui apporte au lecteur un dépaysement, tout en éclairant les péripéties et les réactions des personnages ; une durée resserrée autour de deux moments décisifs, celui de la trahison et celui de la mise à mort ; les réactions des différents personnages, dont celles de Giuseppa, épouse de Mateo Falcone et mère de Fortunato. Mérimée associe étroitement le tableau de mœurs à l'événement mémorable, à la fois sublime et crapuleux (un père sacrifie son fils unique que son jeune âge devrait disculper).

Les composantes *morphologiques* constitutives de l'histoire sont relatées avec une efficacité qui procède des *stratégies* de l'auteur. Tout en attestant le mode de vie des habitants de la

Corse au début du XIXe siècle, le narrateur évite de porter des jugements de valeur sur les comportements des personnages, il rend compte des faits dans leur dénuement. L'action se déroule selon une logique inéluctable. Placé au centre du récit, l'épisode de la tentation fait de la montre un objet de désir mais aussi le révélateur d'un mécanisme. Mateo Falcone la fracasse comme il fera ensuite tomber son fils « roide mort ».

Les principales péripéties sont rapportées par des dialogues d'une extrême sécheresse, qui placent le lecteur en prise directe avec les moments décisifs. Et c'est sur un échange entre le père et la mère que s'achève la nouvelle :

> « — Qu'as-tu fait ? s'écria-t-elle.
> — Justice.
> — Où est-il ?
> — Dans le ravin. Je vais l'enterrer. Il est mort en chrétien ; je lui ferai chanter une messe. Qu'on dise à mon gendre Tiodoro Bianchi de venir demeurer avec nous. »

I. Morphologie de la nouvelle

Les théoriciens de la nouvelle, comme certains nouvellistes, assimilent volontiers le récit bref à un tableau (E. Poe), à un paysage (B. Eikhenbaum) ou encore à une forme géométrique (J. Cortázar). C'est oublier que, par la force des choses, la nouvelle se déroule dans le temps, selon une succession linéaire qui parfois emprunte un trajet prolongé. Mais c'est en même temps postuler que la nouvelle dispose de matériaux en nombre suffisamment réduit pour que le lecteur ait l'illusion de les concevoir dans une appréhension unique.

À la métaphore picturale on peut préférer la référence théâtrale, telle du moins que la prône l'esthétique classique : unité de lieu, de temps et d'action, avec un nombre limité de protagonistes. On pourrait alors s'inspirer de la recommandation de Boileau (*L'Art poétique*, chant III, v. 45-46), en adaptant à la fiction narrative ce qu'il applique à la représentation dramatique :

> « Qu'en un lieu, qu'un un jour, un seul fait accompli
> Tienne jusqu'à la fin le lecteur attentif. »

Bien que de tels rapprochements ne rendent pas compte de la nouvelle en tant que récit, ils la caractérisent dans sa morphologie et ils explicitent le plaisir qu'éprouve le lecteur à découvrir une aventure qu'il maîtrise (qu'il croit maîtriser...) de son commencement jusqu'à son terme.

1. L'espace

La première phrase de « Mateo Falcone » invite le lecteur à une équipée touristique. Jouant le rôle du guide, le narrateur l'introduit dans l'espace de l'aventure. Il lui faut pour cela *sortir* de Porto-Vecchio, *se diriger* vers l'intérieur de l'île, *longer* le terrain qui *s'élève* pour atteindre, après trois heures de marche par des sentiers tortueux, le bord d'un maquis très *étendu*.

Cette entrée en matière esquisse un autre monde propice à l'évasion. Le premier paragraphe, qui s'étend sur plus d'une page, présente le décor de l'aventure, une région de taillis fourrés, d'épaisses cépées où se mêlent diverses espèces d'arbres et d'arbrisseaux que les paysans corses entretiennent par brûlis : un maquis si épais qu'on y pénètre la hache à la main, et où les proscrits (les « bandits ») trouvent un refuge sûr.

Dans leur succession, les épisodes évoquent un lieu semblable à un espace scénique, facilement représentable, intelligible et fonctionnel. L'espace de la nouvelle est celui de la maison du maître : Mateo Falcone la quitte pour aller avec sa femme visiter ses troupeaux. Son fils la garde, étendu au soleil. Le proscrit venu de la plaine la rejoint pour y trouver un refuge. Fortunato le cache dans ses abords. Par la suite, après que l'enfant a trahi le « bandit », son père et sa mère apparaissent au détour d'un sentier. Et lorsque Mateo Falcone prend la décision de sacrifier le petit traître, il s'éloigne de la maison, marche « quelque deux cents pas » et s'arrête dans un ravin.

L'espace de cette nouvelle doit être envisagé dans sa nature et ses fonctions. Exotique, il inscrit le décor du maquis. Il met aussi en place le dispositif de l'action, un ensemble de lieux, qui comprend la maison et ses abords plus ou moins proches. Il est également significatif car il impose le cadre d'une vie fruste, qui permet de comprendre le comportement d'un personnage hors du commun, d'un père assassin de son fils.

Désigner l'espace d'une nouvelle, c'est donc tenir compte à la fois de la réalité qu'il évoque, de son utilité pour l'action, des significations qu'il suggère. C'est, en d'autres termes, indiquer successivement ou simultanément :

– un espace *référentiel* (ici une région de la Corse),
– un espace *fonctionnel* (où l'action se déroule),
– un espace *signifiant* (que le lecteur interprète).

L'espace référentiel

La Corse de Mérimée, la steppe de Tchekhov, la campagne normande de Maupassant, les chambres d'hôtel d'O. Henry : la nouvelle, chaque fois, invite au dépaysement. La valeur « documentaire » constitue une qualité parmi d'autres car la fantaisie ou le fantastique, tout aussi bien que la couleur locale, entraînent le lecteur dans l'ailleurs de la fiction. Katherine Mansfield met en scène la société anglaise des années 1920 (*La Garden-party*, Stock), Grace Paley les préoccupations des intellectuels new-yorkais des années 1960 (*Les Petits Riens de la vie*, Rivages), tout comme E. Poe fait connaître milieux et lieux étranges des années 1830, Alphonse Allais milieux et lieux de la facétie « fin de siècle ».

L'espace donné à lire est un objet de découverte. Une fois terminée la lecture de « Villa Aurore » (Le Clézio, *La Ronde et autres faits divers*), le lecteur connaît « le grand palais blanc » perdu dans le fouillis de la végétation au sommet d'une colline, le jardin abandonné, avec son temple circulaire, ses colonnes, son toit orné de fresques où est inscrit le mot ΟΥΡΑΝΟΣ (*ouranos*, « le *ciel* » en grec). Longée par la grande route d'asphalte où filent les autos, cernée par des immeubles que les promoteurs font construire aux alentours, la villa est le dernier vestige d'un paradis menacé.

Le lieu n'est pas inhérent au récit, comme le montre « Deutsches Requiem » de Borges (*L'Aleph*) : la veille de sa mise à mort un criminel de guerre nazi relate ce que fut sa carrière et il la justifie par la mission paradoxale qui lui a été impartie : celle de produire le désordre à partir duquel peut s'instaurer un ordre nouveau. Son récit mentionne la « prison » où il se trouve sans que celle-ci représente le référent d'une nouvelle tout entière consacrée à la biographie et à la spéculation.

Le lieu est formulé par le récit. On a pris, bien à tort, l'habitude de le considérer en fonction des réalités, effectives ou plausibles, dont il témoigne : la maison close sise à Fécamp

(« La Maison Tellier » de Maupassant) ou l'aquarium du Jardin des Plantes (« Axolotl » de J. Cortázar dans *Les Armes secrètes*). Mais l'esthétique réaliste (de n'importe quelle époque) ne représente qu'un cas de figure parmi d'autres.

Dans « Lohengrin » de J. Laforgue (*Moralités légendaires*, P.O.L.) deux grandes parties (signalées par des chiffres romains) distinguent un lieu public d'un lieu privé. Dans la première, place du parvis de Notre-Dame, le Concile Blanc somme Elsa de présenter à tous son fiancé : Lohengrin apparaît bientôt au ras des flots, dans l'enchantement de la Pleine-Lune, chevauchant un cygne. La deuxième partie se passe près d'un bassin aux abords de la villa nuptiale puis dans la pièce préparée pour la nuit de noces. Ce lieu de fantaisie, à la fois parodique et symbolique (noyé de blancheur, il décalque l'opéra de Wagner et le drame de Villiers de l'Isle-Adam, *Axël*) jouit dans la fiction d'une existence aussi précise que la maison close de Maupassant.

D'une manière générale, la littérature décrit des sites, des demeures, des paysages. Toutefois la nouvelle les traite d'une façon qui lui est propre. Elle privilégie des configurations ou des éléments dont on peut esquisser la typologie :

– **le décor** est fonction du nombre et de l'importance des développements descriptifs. Le maquis de « Mateo Falcone », le jardin de « Villa Aurore », imposent au lecteur l'illusion référentielle. Dans « Une partie de campagne » (*La Maison Tellier* de Maupassant), les descriptions dressent tour à tour différents décors : les balançoires, les yoles, le rossignol dans son arbre. Chaque fois ils apportent des informations qui marquent l'ensemble de l'histoire. « Taurides » de J.-L. Trassard (*Paroles de laine*) est placée dans un cadre de floraisons printanières.

– **le lieu délimité** : quelle qu'en soit la dimension (maison ou cosmos) et quel qu'en soit l'aspect (urbain ou champêtre, ouvert ou fermé, etc.), le lieu revêt une configuration exprimée avec précision : le bras d'un fleuve (« Sur l'eau », *La Maison Tellier*), un labyrinthe (« La Demeure d'Astérion », *L'Aleph*), une chambre d'hôtel (J. Jouet, « L'autre chambre », *Romillats*, éditions Ramsay). L'exploration de la totalité est alors simultanément référentielle et textuelle : à la brièveté du récit correspond une figure nettement dessinée.

– **le lieu dédoublé** : comme pour remédier aux limites qu'impose le genre, l'auteur est tenté, à l'occasion, d'articuler des lieux hétérogènes. Ils n'en continuent pas moins de composer des figures lisibles : comme dans « Continuité des parcs » où l'espace du lecteur débouche sur celui de la fiction qu'il lit (Cortázar), ou comme dans « L'Aleph » (dans le recueil du même titre de Borges) où la fente de l'escalier situé dans la cave s'ouvre sur la vision d'un univers condensé en un point unique.

– **le dispositif** associe plusieurs lieux en un espace composite de type scénique. Dans « Mateo Falcone » : la maison, la botte de foin qui sert de cachette, le maquis, le sentier, le ravin. Dans « Une partie de campagne » : la banlieue de Paris, l'auberge, le « cabinet particulier » du canotier, la boutique de M. Dufour.

– **le trajet** confère au lieu une dynamique. Il marque un point de départ, un terme, des étapes intermédiaires. Le voyage bouffon des membres d'une famille du sud des États-Unis, avec la grand-mère et son chat, finit dans un carnage : ils rencontrent en chemin le Désaxé, un gangster sanguinaire, et ses acolytes (F. O'Connor, « Les braves gens ne courent pas les rues », dans le recueil du même titre). Quelques nouvelles de Maupassant, parmi les plus réussies, inscrivent l'action dans un trajet. Il se présente comme un itinéraire simple dans « Boule de suif » :

Maupassant - « Boule de suif »

> Fuyant l'envahisseur prussien, dix habitants de Rouen décident de se rendre au Havre en diligence. Ils sont arrêtés à mi-parcours dans une auberge par un officier allemand. Le voyage ne pourra se poursuivre qu'une fois acceptées les conditions de l'occupant.

Dans « La Maison Tellier », le trajet décrit un aller-retour qui associe le lieu « maison close » à d'autres espaces socialement marqués : le train, le village, l'église :

Maupassant - « La Maison Tellier »

> Un samedi soir à Fécamp les clients de la Maison Tellier butent sur un écriteau : « Fermé pour cause de première communion » (I). La patronne et les filles de joie qu'elle emploie sont parties pour Virville, dans l'Eure (II). Elles sont de retour le lendemain (III).

L'espace fonctionnel

Le simple inventaire des espaces référentiels en révèle la composante fonctionnelle. Du fait que l'histoire est inhérente à la nouvelle, la représentation d'un lieu, sa disposition dans un ensemble, met en évidence sa fonction dans le déroulement de l'action. Fréquemment un décor encadre un épisode, des lieux différents signalent l'articulation de plusieurs épisodes. Lorsque la nouvelle s'en tient à un lieu unique, elle prend volontiers le parti de l'aventure intérieure où priment l'émotion, les remous de la subjectivité.

La première des *Causes célèbres* de Jean Paulhan, « La longue soirée » (« Idées », Gallimard) présente un récit à la première personne du singulier. Le narrateur semble être un retraité (il a travaillé à l'usine) qui, assis sur un banc, goûte chaque soir le coucher du soleil. Sa confidence suggère un décor de rayons de feu, de lueurs semblables à des flacons laiteux, de bandes pourpres qui traversent un tissu léger. La dernière phrase fait comprendre au lecteur comment doit être interprétée cette évocation :

> « Oui, c'est ainsi que se passent mes soirées depuis que je suis devenu aveugle, et les enfants, qui m'ont vu venir de loin, crient que la soupe est chaude. »

L'espace propre d'une nouvelle est suggéré par l'évocation de décors, la disposition de différents lieux. Ils marquent les péripéties dont l'enchaînement correspond à une succession souvent indiquée avec précision. Le « réalisme » de la nouvelle résulte moins d'une esthétique qui multiplie les « effets de réel » que de la nécessité d'affirmer la cohérence de l'histoire construite en quelques épisodes.

« Le verdict » de F. Kafka (*La Métamorphose*, Folio) se présente comme l'assemblage de quelques lieux qui figurent un espace à la fois fonctionnel et dramatique :

Franz Kafka - « Le Verdict »

– Au début de la nouvelle, Georges Bendemann, le personnage principal, vient de terminer une lettre. Par la fenêtre de sa chambre, au premier étage d'une maison basse construite au

bord d'une rivière, il regarde le pont et les ondulations du terrain sur l'autre rive.
Après diverses réflexions sur son destinataire et sur sa propre vie, Georges traverse un petit couloir et se rend dans la chambre de son père, où il n'est pas venu depuis plusieurs mois. Par cet après-midi ensoleillé, l'obscurité du lieu le frappe.
Suit une longue et douloureuse discussion au cours de laquelle le fils doit essuyer les reproches de son père qui finit par le bannir.
Chassé de la chambre, Georges descend l'escalier, franchit les rails du tramway et se dirige vers la rivière. Il enjambe le parapet et se jette dans le vide.

Les lieux intérieurs (la chambre de Georges et celle de son père) sont encadrés par des lieux extérieurs placés symétriquement dans la première et la dernière page de la nouvelle : la rivière ensoleillée, le parapet au-dessus du vide. Ainsi se matérialise une orientation pathétique et une logique de l'exclusion.

L'espace signifiant

Cette lisibilité du dispositif fonctionnel affecte également la signification. Le cadre, le décor, les lieux, participent à un commentaire. Celui-ci se manifeste de manière plus ou moins claire et explicite, selon que le récit vise à la réserve ou au didactisme : signification « obtuse » ou « obvie », pour reprendre une opposition que Roland Barthes emprunte à l'exégèse des textes sacrés (*Essais critiques*, III, Le Seuil, 1982, p. 46-58). Bien que des plus contrastée, l'exploitation du topos « lieu » dans « Le verdict » de Kafka et « Une partie de campagne » de Maupassant, n'en révèle pas moins un même désir de signalisation.

Au début du « Verdict » règne la sérénité : la nature resplendit, la rive est recouverte d'un vert léger. Dans les dernières lignes prédomine le vacarme d'une circulation folle. À la luminosité des espoirs que Georges exprime à l'occasion de son prochain mariage, font suite les obscurs reproches d'un père vindicatif.

La rivière que le jeune homme regarde dans les premières lignes (« Un matin de dimanche par une année qui débutait splendidement ») est le lieu où s'achève son existence à la fin.

L'impossible coexistence entre son père et lui, provoque son éviction. L'espace de cette nouvelle rend ainsi compte de l'insurmontable obstacle auquel se heurte le jeune homme.

Le trajet qu'emprunte la famille Dufour dans « Une partie de campagne » comporte un certain nombre d'étapes auxquelles s'ajoutent, au dénouement, deux lieux terminaux : la boutique du quincaillier et le « cabinet particulier » dans le bois. Là où Kafka demeure dans l'implicite, Maupassant porte en clair des jugements. Toutes sortes de termes ou de métaphores commentent le cadre de manière négative ou positive, valorisante ou dévalorisante, de sorte à susciter le dégoût ou l'admiration. Cette fonction « axiologique » (qui attribue des valeurs) de la description, affecte l'itinéraire d'un commentaire suivi :

– Quittant Paris, avant de traverser la Seine, les Dufour découvrent le paysage de la campagne : lumière, buée, rafraîchissement bienfaisant.

– Dans l'auberge où ils se restaurent, s'exalte le désir des deux femmes. Cette érotisation est exprimée dans la scène des balançoires qui est l'occasion de toutes sortes de considérations émoustillantes (« elle jouissait d'être étourdie par le va-et-vient de la machine »).

– Par la suite, au cours de la promenade en barque, la « chute du barrage » laisse présager celle de la résistance vertueuse de la jeune fille, tout comme le font également les chants des rossignols qu'Henriette et Henri entendent aux alentours : « c'est donc que les femelles couvent », commente le jeune homme.

En raison du nombre limité des lieux qui la composent, la nouvelle leur accorde une autre importance que le roman où ils peuvent abonder. Dans les récits brefs toutes les composantes se chargent, au moins virtuellement, de résonances dont le moindre nombre renforce l'efficience. Généralement proche du schème ou de l'épure, l'espace de la nouvelle peut se brouiller à l'occasion, ne serait-ce que pour traduire la perception d'un personnage (voir « Le pourrissoir » dans *Paroles de laine* de J.-L. Trassard). Il n'en demeure pas moins frappé d'exemplarité, ce qui explique la fréquence des titres qui mettent en exergue le lieu où s'implante l'histoire : « La chute de la maison Usher » (E. Poe), « La Maison Tellier » (Maupassant), « La Demeure d'Astérion » (Borges), « Proximité des parcs » (Cortázar), « Villa Aurore » (Le Clézio).

2. Le temps

Les magazines populaires américains indiquaient au début d'une nouvelle le temps nécessaire à sa lecture, par exemple vingt-huit minutes et trente secondes. On a vu qu'E. Poe tenait compte de la durée de lecture d'une nouvelle et que son estimation se fixait aux environs d'une heure. Pour artificielles qu'elles peuvent paraître, ces mesures posent le cadre d'une spécificité qui retient l'intérêt. Alors que le temps de lecture d'un roman comme *L'Éducation sentimentale* reste indistinct, à peu près impossible à mesurer *a priori*, la nouvelle est ordinairement rédigée pour un support qui implique un temps de lecture prédéterminé. De là des « définitions » qui mettent l'accent sur un critère qu'on ne songe pas à appliquer aux œuvres romanesques. Avec désinvolture, Herbert George Wells appelle nouvelle « tout ce qui peut être lu en une demi-heure », et selon André Gide, pour qui le genre résulte des contraintes qu'impose la publication dans le journal ou la revue, la nouvelle « est faite pour être lue d'un coup, en une fois ».

On songe à un autre type d'œuvre strictement calibrée par son mode de diffusion, le film de fiction, qui dure habituellement à peu près une heure et demie, pour permettre que les projections en salle aient lieu toutes les deux heures (séances de 14 h, 16 h, etc.). Ce genre de considération n'a rien de trivial : elle donne à la durée de la réception (la visualisation du film, la lecture du récit) une importance déterminante qui rappelle qu'une articulation s'opère nécessairement entre la durée effective vécue par le lecteur, et la durée de la fiction. En d'autres termes, le temps vécu de la réception est investi par celui de l'imaginaire qui l'occupe tout entier. Inversement, le temps de la fiction, dans la nouvelle, est destiné à être intégré dans une durée déterminée – parfois calibrée – de sorte qu'une expérience (une aventure, une émotion) est vouée à occuper toute entière la conscience du lecteur. La fiction de la nouvelle est destinée à se substituer à un segment de la durée réelle, à coïncider étroitement avec un moment vécu.

La durée de l'histoire est fonction des informations qui permettent au lecteur d'en constituer la chronologie. Celle-ci est exprimée de manière aléatoire. Tantôt elle demeure implicite ou allusive, tantôt elle participe à la trame de l'action ou à sa signification. Il importe que le voyage de « La Maison Tellier » dure seulement deux jours, le temps d'un aller-retour et d'une alternance probatoire entre le désordre (l'absence des prostituées déclenche des esclandres entre leurs clients) et le retour à l'ordre (les bourgeois de Fécamp fêtent avec les filles leurs retrouvailles).

Mais autre chose est la durée telle qu'on l'envisage en termes de narration. Distincte de la chronologie, elle se rapporte aux variations de « vitesse » (voir G. Genette, *Figures*, III, Le Seuil, « Points », p. 126) qui rendent compte dans un récit des faits d'accélération et de ralentissement. Le *sommaire* résume (parfois en quelques mots) une durée étendue, alors que la *pause* développe (parfois en de nombreuses pages) l'espace d'un moment. De telles variations permettent chaque fois de considérer l'importance relative accordée aux événements, autrement dit de mettre en relation le temps chronologique de l'histoire et le temps conventionnel de la narration, que G. Genette appelle également « pseudo-temps ».

La particularité de la nouvelle est de mettre en regard trois niveaux différents :

le temps de la lecture (TL) ;
le temps chronologique de l'histoire (TH) ;
le temps de la narration (TN).

Ainsi l'auteur est-il chaque fois amené à fonder sur un temps de lecture relativement stable des développements qui assignent au récit des effets dispensateurs de temporalités diverses. Car le temps de la fiction est, par définition, un temps raconté, *une mise en narration* de l'histoire.

Une temporalité unifiée

Revenons à la nouvelle de Kafka, « Le verdict ». Les premiers mots ouvrent le récit sur une indication de durée : « C'était un matin de dimanche... » Par la suite la temporalité apparaît quelque peu reléguée à l'arrière-plan. Alors que Georges Bendemann vient de terminer la lettre qu'il adresse à un ami lointain, sa méditation sur les sujets qu'il a abordés – et sur celui qu'il a tu : ses propres fiançailles avec une jeune fille fortunée – se prolonge. En effet, après être longtemps resté assis à son bureau, il met la lettre dans sa poche et se rend dans la chambre de son père l'après-midi. Par la suite, le récit ne fournit plus aucune explication de durée : l'entrevue entre Georges et son père donne lieu à une « scène » (au sens narratif du mot, c'est-à-dire à un compte rendu circonstancié) : ce dont le lecteur peut déduire que le jeune homme est chassé de la maison familiale après un affrontement qui s'étend sur une heure ou deux. Son suicide a donc lieu dans l'après-midi, alors que se fait entendre sur le pont « une circulation littéralement folle » (dernière phrase de la nouvelle). Mais le récit n'apporte aucune autre précision : « Le verdict » relate un moment crucial de la vie de Georges, un moment qui s'inscrit dans une durée subjective où la chronologie proprement dite tient peu de place. Ce qui importe est l'*unité dramatique qui s'étend sur un certain laps de temps*, indéterminé mais parfaitement limité (quelques heures, du matin à l'après-midi) : le temps de la nouvelle coïncide avec la durée de l'action.

« Les braves gens ne courent pas les rues » (F. O'Connor) commence par exposer le projet de voyage d'une grand-mère et de la famille de son fils : lui, sa femme et ses deux enfants. Alors que différentes péripéties sont rapportées, la temporalité proprement dite ne donne lieu qu'à des indications succinctes. Partis le matin, les membres de la famille s'arrêtent pour acheter des sandwiches puis ils repartent dans la chaleur de l'après-midi. Leur voiture emprunte un chemin de terre et fait une embardée : assis sur le bord d'un fossé, ils voient approcher une grosse automobile noire que trois hommes occupent. L'épisode qui suit donne matière à une « scène » détaillée où abondent les dialogues : les gangsters se débarrassent – par simple caprice, semble-t-il – des membres de la famille, un à un, sans qu'il soit nécessaire au narrateur de fournir d'autre marque temporelle que celle des détonations qui signalent leur assassinat. L'unité dramatique d'un fait divers tragique mêlé de bouffonnerie, détermine une durée qui demeure assez vague. Ayant quitté sa demeure le matin, une famille est massacrée dans le courant de l'après-midi par trois repris de justice en cavale, que le destin place sur son chemin.

Encore quelques exemples : Mateo Falcone sort avec sa femme « de bonne heure » pour visiter ses troupeaux. Il est parti depuis quelques heures lorsque surgit le « bandit » blessé qui demande un refuge à son fils. Quelques minutes après que Fortunato l'a caché, arrivent à leur tour les soldats qui le poursuivent. La « scène » rapporte dans le détail la tentation à laquelle l'enfant finit par succomber. Une deuxième scène décrit les réactions du père lorsqu'il apprend la trahison de son fils : « Il se passa près de dix minutes avant que Mateo ouvrît la bouche ». L'indication suggère l'intensité du conflit dont il est l'objet. Le reste de l'épisode est relaté, pour ainsi dire, en direct. Il aura duré, dans son intégralité, quelques heures, un moment de la journée qui reste indéterminé.

Combien de temps dure l'aventure dans « La chute de la maison Usher » ? Celui d'une expérience terrifiante et inoubliable, avant tout. À la relecture, un balisage temporel assez précis apparaît : le narrateur arrive sur les lieux au cours d'une journée d'automne. Il n'a pas vu l'ami qui le fait venir, Roderick Usher, depuis des années, et il s'apprête à passer quelques semaines auprès de lui. Pendant quelques jours il s'efforce d'exorciser sa mélancolie. Mais Lady Madeline, la sœur jumelle de Roderick, meurt. Sept ou huit jours après que son corps a été déposé dans le caveau, un orage épouvantable éclate. Roderick déclare qu'il entend depuis plusieurs jours la morte se mouvoir dans son cercueil. Lady Madeline apparaît alors et enveloppe de son suaire son frère qui s'abat, mortellement frappé. Le narrateur s'enfuit de la chambre et du manoir qui s'effondre au fond de l'étang.

Dans les exemples que nous venons d'évoquer, le temps de la nouvelle (la durée de l'histoire) coïncide avec celui d'une aventure. Quelle qu'en soit la durée (un moment ou un jour, une semaine ou plus) elle est soumise au même principe qui la fonde. Chaque fois le lecteur fait l'expérience d'une temporalité différente mais toujours unifiée. Comme le temps du théâtre ou du cinéma de fiction, le temps de la nouvelle se définit par son unité dramatique. À partir de cette donnée spécifique, l'auteur met en œuvre des durées particulières qui appartiennent en propre à ce type de récit. Nous en présenterons quelques exemples distincts :

– la durée *concentrée*,
– la durée *dilatée*,
– la durée *brouillée*.

La durée concentrée

La nouvelle de Buzzati intitulée « Le K » donne son titre à un recueil qui illustre exemplairement la concentration temporelle. Au début du récit, le petit Stefano Roi, âgé de onze ans, accompagne son père, capitaine au long cours, sur son voilier. Les années passent et Stefano devient « vieux, très vieux ». À la fin, il prend les décisions d'un homme arrivé au terme de sa vie. L'avant-dernier paragraphe rapporte la découverte, dans une barque, de son squelette déjà blanchi. Plusieurs décennies se sont écoulées en quelques pages, et la nouvelle condense ce qui dans un roman pourrait donner matière à une somme (voir *Les Thibault* de Roger Martin du Gard).

« La jeune fille qui tombe... tombe » porte le nom de Marta (*Le K*). Au début de la nouvelle elle est âgée de dix-neuf ans. Se penchant de manière excessive au sommet d'un gratte-ciel de plus de cinq cents étages, elle tombe dans le vide. D'étage en étage, elle rencontre des gens qui l'invitent à partager toutes sortes de plaisirs. Dans les dernières lignes, la nuit règne, un jour nouveau pointe au sommet du gratte-ciel. Marta arrive au vingtième étage. Devenue une vieille femme, elle va s'écraser sur le sol.

Les nouvellistes sont ainsi tentés d'exploiter la durée brève de la lecture pour mettre en œuvre la durée longue d'une existence. Car la nouvelle se prête aux récits de vie (M. Schwob, *Vies imaginaires*, Gallimard ; P. Michon, *Vies minuscules*, Gallimard), elle dresse le bilan d'une existence. La journée décrite dans « Une partie de campagne » est suivie d'une visite dans la boutique de M. Dufour, quincaillier, « deux mois après ». L'année qui suit leur idylle, Henri et Henriette se rencontrent par hasard dans le bosquet de leur première et unique étreinte, alors que la jeune fille est affublée d'un mari qui dort « consciencieusement comme une brute ». Iakov, le héros du « Violon de Rotschild » gagne chichement sa vie en fabriquant des cercueils. Obsédé par les difficultés qu'accumule son commerce, il enterre sa femme Marfa en poursuivant ses calculs. Mais au moment où il sent venir sa propre fin, il prend conscience que sa vie s'est passée dans l'inutilité et la sécheresse de cœur. En cinquante ans de mariage il n'a pas eu une parole de tendresse pour celle qui avait été sa compagne : « Pourquoi

[…] la vie, qui n'est donnée à l'homme qu'une seule fois, passe sans utilité ? », se demande-t-il alors. Par de telles miniatures, la nouvelle relate l'essentiel, elle condense une existence entière.

La durée dilatée

Alors que le « sommaire » permet à la narration de rapporter un laps de temps considérable en peu de mots, par la procédure inverse de la « pause », la durée brève permet d'occuper l'intégralité d'une nouvelle. Dans la durée imaginaire, le temps du récit coïncide avec celui de la lecture, la fiction dédouble la durée vécue. La nouvelle se consacre alors, par ralentissement ou arrêt sur image, à des moments choisis, à moins qu'elle ne se voue à la célébration de l'instant qui passe, ou ne concentre l'attention sur un moment décisif à partir duquel bascule l'équilibre des choses.

« Les fils de la vierge » (J. Cortázar, *Les Armes secrètes*) nouent une trame des plus complexes autour de deux moments choisis. Celui de la prise de vue, d'une part : le narrateur est un photographe qui cherche à cadrer de manière pittoresque un couple peu banal : il s'agit d'un très jeune garçon d'environ quatorze ou quinze ans, et d'une femme blonde, déjà mûre. Celui de l'interprétation, d'autre part, des réactions violentes de la femme et d'un automobiliste garé non loin de là, au moment de la prise de vue. Entre ces deux instants fugaces de la prise de vue et de la prise de conscience, se développe un récit dont le lecteur ne tire nulle certitude. Car en fin de compte, l'instant, insaisissable, est l'objet d'interprétations tout aussi fluctuantes.

Catégorie littéraire imprécise, la durée sert à la fois de référence et de cadre à un développement. Les *Instantanés* d'Alain Robbe-Grillet (éditions de Minuit, 1962) assemblent différents « moments » (titres qui conviendrait mieux aux six textes composant une plaquette d'une centaine de pages) : descriptions plus ou moins narrativisées, plus ou moins étendues, qui proposent chacune un temps bref de lecture et que ne cessent de ralentir des expansions syntaxiques : « L'escalier mécanique », « Devant le portillon », « Visions réfléchies ».

Auteur de nombreux recueils, aujourd'hui quelque peu oubliés, Marcel Arland a fait de la durée brève l'élément privilégié de nombreuses nouvelles (voir par exemple « Le témoin », *Les Plus Beaux de nos jours*, Gallimard, 1937). P. Godenne parle à son propos de la « nouvelle-instant ». Mais cette concentration maximale a été prisée par de nombreux auteurs. Elle constitue l'un des types de récits qu'affectionne Tchekhov. « Le gros et le maigre » (*Œuvres*, tome II, 1882-1883, Éditeurs français réunis) relate la rencontre de deux anciens amis d'enfance. L'un a réussi dans la très haute administration (il est « conseiller secret »), tandis que l'autre vivote comme chef de bureau. Très vite l'effusion des retrouvailles laisse place aux obséquiosités du maigre, qui mettent en fuite son ancien camarade. Plus pathétique encore « Un homme de sa connaissance » (*ibid.*, tome VIII, 1886) raconte comment une prostituée, Wanda, à sa sortie de prison, tente avec ardeur de soutirer de l'argent. Elle se rend chez un dentiste, aperçois dans une glace sa silhouette misérable et perd confiance en elle. Elle se laisse alors arracher une dent et confisquer le seul rouble dont elle dispose. Se retrouvant dans la rue, crachant du sang, elle songe à tous « les affronts qu'elle avait subis, qu'elle subirait encore demain, la semaine prochaine, toute sa vie, jusqu'à la mort… ». Ainsi s'articulent la fugacité de l'instant et le bilan d'une vie, le dévoilement du sens, ou de l'absence de sens, d'une existence.

La durée brouillée

L'armature chronologique de l'histoire, l'organisation logique du récit, relèvent d'une conception traditionnelle qui connaît toujours les faveurs du public. Celui-ci se plaît à « entrer » d'emblée dans l'aventure, à discerner un certain nombre de repères qui lui permettent de s'identifier et de s'évader. Les nouvelles qui s'émancipent de ces conventions, brouillent le cadre des références spatiales et temporelles. Elles tendent à produire l'illusion d'un état de conscience, à mimer le désordre d'une parole effervescente ou l'inorganisation d'une expérience qui s'exprime telle quelle. Bien que réfractaire à la temporalité des récits conventionnels, cette durée ne dément pas la spécificité du récit bref.

« Le Navire Night » de Marguerite Duras se présente comme un récit rédigé à partir des confidences d'un certain J.-M., affecté à la surveillance du matériel radio aux P.T.T. Par le réseau téléphonique, il entre en communication avec une inconnue. Il vit alors une relation passionnelle qui connaît plusieurs rebondissements. Elle se prolonge quelques années durant et se limite toujours à une relation vocale.

Le cadre chronologique de cet amour fou est, à plusieurs reprises, marqué avec la plus grande précision :

– l'aventure commence un après-midi du printemps 1973 ;

– elle dure trois ans et se prolonge au-delà du mariage de la jeune femme, qui a lieu l'été 1975 ;

– depuis 1976, J.-M. ne reçoit aucune nouvelle de son interlocutrice ;

– en son dernier état, le texte qu'on lit porte *in fine* la date du 10 février 1978[1].

Dans ce cadre rationnel se développe un récit dont les articulations se soumettent aux mouvements du souvenir, aux flux et reflux de l'affectivité. Ils traduisent le décousu d'une passion restituée après coup, où les confusions, les contradictions apparentes, les redites, marquent le tempo de la remémoration. Plus qu'elles ne l'organisent, les marques de temporalité scandent le récit : « Le soir de ce jour… Dès lors… Un autre jour… ». Comme l'indique le compte rendu du narrateur qui donne sa forme à la nouvelle : « Les dates se brouillent […]. La chronologie n'est plus assurée. Il ne reste qu'une mémoire globale de l'événement ». La litanie constituée en paragraphes qui se succèdent de manière discontinue esquisse la configuration d'un beau désordre amoureux.

Plus déconcertante encore, la durée mise en place dans « Le pourrissoir » (J.-L. Trassard, *Paroles de laine*). La nouvelle raconte l'errance d'un homme, un certain Güntz, que persécutent de mystérieux appels téléphoniques. Réfugié le plus souvent dans un marché couvert, il cherche à se fondre dans la foule anonyme et se trouve mêlé aux activités des marchands – bouchers, tripiers, poissonniers – qui débitent des quartiers, jettent des déchets, cassent des pains de glace. Trois paragraphes

1. Cette nouvelle a paru dans la revue *Minuit* en février 1978. Elle a donné matière au scénario d'un film, nettement plus long et plus complexe, qui a été publié sous le même titre au Mercure de France en 1979, puis dans la collection Folio.

composent les premières pages mais, à partir de la quatrième, le récit se développe sur huit pages, d'un seul bloc. Comme le personnage condamné à l'errance, le lecteur se trouve pris dans une déambulation sans issue. Au fil du récit il apprend que Güntz a mis des années pour s'intégrer à la bourgeoisie du pays, qu'il revient dans ce marché chaque soir, qu'il a loué une petite chambre d'hôtel et ne vit plus chez lui depuis trois semaines. Mais ces indications temporelles – « le soir », « quelques jours » – brouillent à plaisir les fils d'une aventure dont les raisons apparaissent aussi obscures que le terme.

« Le récit explique et coordonne en même temps qu'il retrace, il substitue l'ordre causal à l'enchaînement chronologique », écrivait J.-P. Sartre, pour qui cet enchaînement camoufle un ordre de la rationalité. Quelles que soient les formes de durée dont le lecteur fait l'expérience, une unité s'impose à lui. Organisé ou brouillé, fugitif ou durable, l'événement détermine les composantes temporelles du récit. Toute nouvelle, en effet, procède d'une donnée primordiale qui est celle d'une aventure, seule et unique.

3. L'action

La plasticité de la nouvelle autorise toutes les sortes de formules. Il n'en demeure pas moins qu'on doit la considérer, avant toute observation, en fonction de l'idée que s'en fait le lecteur, en fonction de ce qu'on appelle un « horizon d'attente ». Quelle que soit l'œuvre particulière qu'un amateur de films s'apprête à découvrir, il n'anticipe pas le même cadre, les mêmes péripéties – ni le même plaisir – lorsqu'il s'apprête à voir un documentaire, un western, une comédie musicale. Il en va de même pour la nouvelle qui, en tant que genre, procède du récit et suscite le désir d'« entrer » dans une histoire, un désir qu'elle satisfait le plus souvent, à moins que ne s'affirme le parti pris de déjouer cette attente. Quelle que soit l'option d'un auteur, le lecteur de nouvelle s'engage dans la découverte d'une action.

Une transformation simple

On désigne une action en se reportant aux agissements de personnages. Sujet en quête d'Objet, Force agissant secondée par des adjuvants ou confrontée à des opposants (voir A.-J. Greimas, *Sémantique structurale*, Larousse, 1966, p. 171-180). Son déroulement marque un point de départ, d'arrivée, des étapes intermédiaires, un moment de crise (complication, conflit, rupture, ou encore virage, tournant). Prenons un exemple :

Sorti de chez lui, il la vit, l'aima et lui demanda sa main.

Ces quelques mots composent un récit qui pourrait être poursuivi en donnant réponse aux questions qu'il fait naître : la personne rencontrée partage-t-elle la passion qu'elle déclenche, quelle réponse donnera-t-elle à la demande en mariage ? Tels qu'ils se présentent, ils forment cependant une unité narrative, un récit complet comportant :

– *une situation initiale* (SI),
– *des péripéties* (P),
– *un tournant décisif* (T),
– *une situation terminale* (ST),

C'est le sujet d'une nouvelle qui pourrait être développée de manières variables, et qui pourrait s'intituler : « La rencontre », « Coup de foudre » ou encore « Du danger de sortir de chez soi », selon le support et le public auxquels l'auteur s'adresse : la *Nouvelle Revue Française*, dans le premier cas, *Confidences* dans le second, et *Fluide glacial* dans le troisième. Un récit type, en tous cas, où le hasard d'une rencontre bouleverse la vie d'un personnage. Une histoire exemplaire à partir de laquelle on peut poser la définition suivante : *une nouvelle rapporte une transformation simple qui affecte un ou plusieurs personnages.*

La structure narrative ne préexiste donc pas au récit. Chaque récit la réalise dans sa singularité et, en ce sens, il n'existe pas de nouvelle mais *des* nouvelles dont chacune actualise un modèle qu'on ne rencontre pas à l'état pur. Dans chaque cas particulier il revient à l'analyse de voir comment, dans un texte donné, l'action se met en place.

La nouvelle de Cortázar, « Axolotl » (*Les Armes secrètes*) affiche dès le premier paragraphe un argument qui sera développé par la suite. Il a valeur, à la fois, de résumé et de programme narratif :

> « Il fut une époque où je pensais beaucoup aux axolotls. J'allais les voir à l'aquarium du Jardin des Plantes et je passais des heures à les regarder, à observer leur immobilité, leurs mouvements obscurs. Et maintenant je suis un axolotl. »

Le narrateur raconte sa propre aventure à la première personne du singulier. Il se réfère tour à tour à une époque révolue où il passe une part de son temps à fréquenter l'aquarium du Jardin des Plantes, et au moment présent, alors que s'est accomplie sa métamorphose. Le récit relate d'abord la fascination que les batraciens exercent sur lui : il consulte un dictionnaire à la bibliothèque Sainte-Geneviève, il se rend chaque jour (et même deux fois par jour) à l'aquarium, à l'étonnement des gardiens qu'inquiètent ses stations prolongées devant les formes larvaires.

Dès les premières pages, la chronologie et la logique du récit sont brouillées par le mélange des rêveries et des faits, par des ruptures qui confèrent au « je » narrateur un double statut : celui du visiteur et celui de l'animal qui s'identifie lui-même à la communauté à laquelle il appartient : « C'est la part la plus sensible de notre corps ». Ces ruptures introduisent le présent de la narration (celui du narrateur axolotl) dans le passé du récit (où s'exprime le visiteur de l'aquarium), elles font interférer les événements antérieurs et les événements postérieurs à la transformation qui a lieu dans l'avant-dernière page de la nouvelle :

> « Sans transition, sans surprise, je vis mon visage contre la vitre, je le vis hors de l'aquarium, je le vis de l'autre côté de la vitre. »

L'action et les péripéties

« Axolotl » se présente sous la forme d'un récit itératif qui rapporte ce que le narrateur accomplit habituellement en tant que visiteur, ou ce qu'il ressent en tant que batracien. Dans le déroulement du récit les anticipations formulées au présent (prolepses) ne cessent de jalonner la narration exprimée au passé : « Les axolotls s'entassaient sur l'étroit et misérable (personne mieux que moi ne sait à quel point il est étroit et misérable) fond de pierre et de mousse. »

Mais, quelle que soit la complexité de ce récit, l'aventure relate une transformation simple à péripétie unique. On peut figurer l'action de la manière suivante, à condition de préciser que la chronologie de l'histoire ne coïncide pas avec la temporalité de la narration, l'extrême simplicité de la première étant compliquée à l'extrême par la seconde :

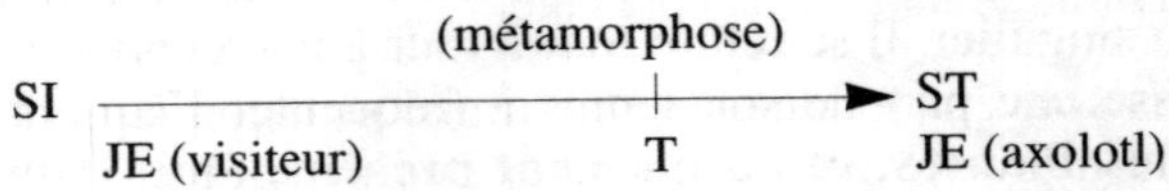

SI : situation initiale
T : transformation
ST : situation terminale

Dans la nouvelle de Henry James, « La vraie chose à faire » (*Le Dernier des Valerii*, Rivages), les péripéties assurent le déroulement d'une action qui découle aussi bien d'événements extérieurs aux personnages que de leur évolution intérieure.

Henry James - « La vraie chose à faire »

> Après la mort de son époux, le célèbre écrivain Ashton Doyle, sa femme demande à l'un de ses proches admirateurs, George Withermore, de rédiger une biographie du défunt. Elle lui accorde pour ce travail libre accès aux archives de son mari : correspondance, journal, notes intimes. Le biographe se met à la tâche mais il ressent peu à peu un malaise qui provient d'une présence malveillante bien qu'imperceptible. Il finira par renoncer à son entreprise, en même temps que sa commanditaire.

Les péripéties de cette nouvelle sont distribuées dans trois parties distinctes. Elles procèdent autant de faits objectifs que de scrupules subjectifs. Tantôt une intervention mystérieuse fait disparaître un document, tantôt le biographe s'interroge sur le bien-fondé de ses recherches : comme l'affirmait Ashton Doyle lui-même, la personne véritable d'un auteur ne doit-elle pas être recherchée dans son œuvre plus que dans sa vie ?

Si on la lit comme une histoire de fantômes, la nouvelle de James signifie que le défunt outragé intervient de l'autre monde pour préserver son intimité. Si on la lit comme un récit psychologique, elle rappelle que la vie privée d'un mort mérite le même respect que celle d'un vivant. Dans les deux cas, la nouvelle relate la transformation de deux personnages (l'épouse, le biographe) qui prennent conscience de ce qu'on peut nommer, au sens propre comme au sens figuré, « la vie des morts ». Les péripéties rendent plausible un changement que la ferveur des deux personnages, voués initialement au culte d'un mari ou d'un écrivain, ne laissait pas présager.

Le plus souvent fondée sur une transformation simple, l'action de la nouvelle peut comporter des péripéties multiples, comme dans « Boule de suif ». En quoi consiste l'action de cette nouvelle ? Dans le désir de dix habitants de Rouen : ils veulent quitter leur ville qu'occupent les Prussiens après leur victoire sur les troupes françaises. Un mardi matin, les voyageurs prennent place dans une diligence pour se rendre au Havre. Parmi eux, Boule de suif, une prostituée qui est la seule du groupe à fuir pour échapper aux représailles de l'occupant contre lequel elle s'est violemment insurgée. Or le voyage est interrompu dès le lendemain, dans l'auberge d'étape, par un officier de l'armée prussienne. Il lèvera son interdiction à la condition que Boule de suif accepte de coucher avec lui.

Comment se manifeste la « transformation » ? Par la désagrégation d'un groupe qu'unit le patriotisme, ou du moins la même identité nationale, face à l'occupant : un groupe cimenté par la générosité de Boule de suif qui partage libéralement ses provisions avec ses compagnons. Plus précisément, la « transformation » se manifeste par l'exclusion de la prostituée du groupe auquel elle a pu croire appartenir.

Plusieurs péripéties ponctuent l'action principale. Le premier soir à l'auberge, Boule de suif rejette par « pudeur patriotique » les avances de Cornudet, l'un de ses compagnons de voyage. Puis elle doit subir les interpellations réitérées, plusieurs soirs de suite, par l'aubergiste, émissaire de l'occupant : « L'officier prussien demande à Mlle Elizabeth Rousset si elle n'a pas changé d'avis. » Elle devra affronter le complot de ses compagnons, puis leur dédain et leur indifférence, une fois qu'elle s'est résignée à suivre leur avis. Lorsque les voyageurs repartent enfin, après un arrêt de plusieurs jours, les occupants de la diligence « oublient » de partager leurs provisions avec Boule de suif que son sacrifice laisse dépourvue de nourriture.

Distribuée sur une durée de plusieurs journées (la halte dans l'auberge se prolonge jusqu'au dimanche matin, bien que cette précision ne soit pas explicitée) et répartie sur plusieurs personnages (chacun des neuf compagnons de Boule de suif, à l'exception de Cornudet, use de ses propres arguments pour la faire céder au chantage de l'officier), la transformation simple donne matière à une action nourrie de péripéties.

L'événement extraordinaire

L'événement par lequel la nouvelle se donne à lire comme une histoire, varie selon les époques et les esthétiques. De plus, le même auteur n'est pas tenu à l'exploitation d'une manière invariable. Alors que Mark Twain se spécialise dans les mésaventures bouffonnes, que *Les Aventures de Sherlock Holmes* astreignent Conan Doyle à l'élucidation sans cesse recommencée d'une énigme, Maupassant passe du fait divers à l'épisode galant, de la veine normande à la veine fantastique.

Si on s'en tient à un critère événementiel, on peut distinguer deux tendances principales, fortement contrastées : « De l'anecdote quotidienne à l'aventure intersidérale », annonce une publicité pour un recueil de nouvelles que publie *Le Monde*.

Avec Poe, Mérimée, parmi tant d'autres maîtres fondateurs, la nouvelle s'intéresse aux événements d'exception, elle apparaît comme une histoire « extraordinaire », « insolite » ou « sanglante » (E. Poe, Villiers de l'Isle-Adam, Pierre-Jean Jouve) :

> « Voilà huit ans que j'étudie les méthodes de mon ami Sherlock Holmes. Quand je compulse les notes que j'ai prises, je ne compte pas moins de soixante-dix affaires sortant de l'ordinaire. Il y en a de tragiques, de comiques, de simplement bizarres, mais aucune ne saurait prétendre à la banalité. »
>
> Conan Doyle, « Le Ruban moucheté », *Les Aventures de Sherlock Holmes*.

Les nouvelles de ce type sont associées aux thèmes de l'étrange et du fantastique, aux relations que l'homme entretient avec l'au-delà (voir Th. Gautier, auteur de nombreux récits qui s'apparentent à la rencontre surnaturelle telle que la rapporte « La Morte amoureuse » des *Contes fantastiques*) ainsi qu'à toutes les sortes de traumas : vengeances, suicides, viols, assassinats. Elles se consacrent à la folie, à l'épouvante, aux expériences qui rompent avec les normes, aux agissements qui confrontent un personnage à des situations extrêmes et qui le conduisent aux limites de lui-même.

« La prédilection de Morand pour le récit court est profondément lié à son goût pour les individus à part, les cas rares et les situations exceptionnelles », écrit Michel Colomb (cf. *Nouvelles complètes* de Paul Morand, Bibliothèque de la Pléiade, tome I, p. XXV). Contentons-nous de rappeler quelques exemples de cette tradition.

E. Poe : le narrateur du « Démon de la perversité » raconte comment il est parvenu à commettre un crime parfait. Il a substitué à la bougie de sa victime une bougie empoisonnée dont la combustion est mortelle. « Le cœur révélateur » relate un autre assassinat. Le narrateur, cette fois, découpe le corps de sa victime et en dissimule les différents morceaux sous le parquet de la maison où ils logent l'un et l'autre. Si bien qu'il reçoit en toute sérénité les officiers de police qu'un voisin a alertés. Tandis que la conversation se prolonge sur le mode cordial, l'assassin entend (croit entendre) les palpitations du cœur de sa victime, qui résonnent de plus en plus fort, au point de devenir insupportables et de lui faire avouer son forfait (*Nouvelles histoires extraordinaires*).

Un demi-siècle plus tard : O. Mirbeau. D'abord publiés dans la presse, ses « contes » ont été repris en recueils (l'ensemble a été récemment réuni sous le titre – symptomatiquement emprunté à Villiers de l'Isle-Adam – *Contes cruels* (deux volumes, Séguier). Dans une logique de la surenchère, l'auteur pousse les sujets de ses récits à leur paroxysme : un jardinier cherche à vendre sa fille, une gamine d'à peine douze ans, et fait valoir sa marchandise à son maître : « Elle en a du vice, allez monsieur ! C'est pis que sa mère ! » (« La Petite »). Un jeune vacher cloue à un piquet de la grille un chat dont la peau arrachée laisse la cuisse à vif, puis il lui enfonce des épingles dans les yeux (« Le petit gardeur de vaches »). Un éleveur breton qui nourrit ses bigorneaux de charognes, finit par être la victime de leur voracité (« Parquons les bigorneaux »).

On multiplierait à plaisir ces scénarios dont le modèle s'est imposé jusqu'à nos jours, comme si, pour une bonne part, la nouvelle se vouait aux sujets catastrophes ou funèbres.

Le récit placé en tête du recueil de Jérôme David Salinger et qui donne son titre à la traduction française, « Un jour rêvé pour le poisson-banane » (R. Laffont, titre original : *Nine Stories*), montre à quel point un auteur est sollicité par l'événement dramatique, comme s'il devait satisfaire les attentes de ses lecteurs :

J. D. Salinger
« Un jour rêvé pour le poisson-banane »

> Le début de la nouvelle rapporte une conversation téléphonique entre une jeune femme, Muriel, et sa mère. La première est en vacances en Floride depuis peu de temps, avec Seymour, son mari. La seconde manifeste envers sa fille une sollicitude oppressante. Il ressort de cet interminable entretien que la mère s'inquiète au sujet du mari de Muriel. Celui-ci, marqué par son expérience de soldat (il a séjourné en Allemagne), a été interné un certain temps et suivi par un psychiatre.
>
> La seconde partie de la nouvelle rapporte une autre conversation qui a lieu, cette fois, sur la plage, entre Seymour et la petite Sybil, âgée d'environ quatre ou cinq ans : conversation à la fois loufoque, sérieuse et décousue, telle que peut la mener un adulte qui se sent de plain-pied avec les préoccupations d'une très jeune enfant. Seymour propose à Sybil de chercher dans la mer un poisson-banane. Juchée sur ses épaules, elle en aperçoit bientôt un. Quand ils reviennent sur la plage, l'homme marié et la petite fille se disent au revoir.

L'histoire pourrait s'arrêter là en laissant le lecteur dans l'incertitude : Seymour est-il perturbé par les pressions qu'exerce sur sa femme une mère abusivement protectrice ? Se sent-il à l'aise dans les relations ludiques que permet la prime enfance, et éprouve-t-il des difficultés à vivre en adulte ? Les deux dialogues invitent le lecteur à se poser des questions qui pourraient sans dommage demeurer en suspens. Elles portent sur les relations de la vie quotidienne, celles qu'entretiennent une mère et sa fille, un adulte et un enfant. Mais les dernières lignes font basculer la banalité de ces échanges par un tragique coup de théâtre. Rentré dans sa chambre d'hôtel, Seymour tire de sa valise un Ortgies 7,65 automatique :

> « Il arma le revolver. Ensuite, il vint s'asseoir sur le lit inoccupé, regarda la jeune femme, ajusta l'arme, et se tira une balle dans la tempe droite. »

L'événement ordinaire

À l'opposé de la prédilection pour l'événement surprenant propice aux effets « coup de poing », le goût des moments nuls de l'existence (ces temps morts que détestait tant André Breton) et des « petits riens de la vie », permet à la nouvelle de consacrer l'anodin. Ces deux options se rencontrent déjà dans les *lais* de Marie de France, dont on a vu qu'ils se présentent comme des nouvelles avant la lettre. Relation d'un événement « extraordinaire » dans « Le Laostic ».

Marie de France - « Le Laostic »

> Une dame écoute chaque nuit le chant du rossignol, tout en conversant avec un soupirant. Le mari, jaloux, tue l'oiseau et jette le petit corps au visage de la dame. Par ce geste il menace de mort son épouse pour le cas où elle enfreindrait son interdiction. La dame envoie le corps du rossignol à son ami pour lui faire savoir qu'elle ne peut plus le rencontrer. L'ami dépose le cadavre de l'oiseau dans un coffret en or.

Relation d'un événement ordinaire dans « Le chèvrefeuille » où un épisode unique relate la rencontre d'un homme et d'une femme qui ne peuvent s'aimer librement (voir p. 5-6) : les deux amants trouvent l'occasion de se parler juste un moment, en secret, sans qu'aucun incident ne se produise et sans que leur stratagème n'enclenche une aventure. Seuls leurs noms prestigieux (Tristan et Yseut) confèrent à cette scène l'éclat de la légende.

L'exemple des *lais* de Marie de France est précieux parce qu'il montre que, bien avant de porter son nom de baptême, la nouvelle transforme tout événement en histoire mémorable.

G. Flaubert rêvait d'écrire un « livre sur rien ». Deux des *Trois contes* s'inspirent de l'hagiographie (« La légende de saint Julien l'Hospitalier ») et de l'Histoire (« Hérodias »), tandis que le troisième, « Un cœur simple », relate les menus faits de la vie d'une servante. C'est Tchekhov qui, avec le plus de résolution, a pris le parti de donner à l'événement minime ses lettres de noblesse et d'associer la nouvelle à des « histoires » dont il modifie la définition. « Le gros et le maigre » décrit une simple rencontre, « Un homme de sa connaissance », rapporte le moment où une femme prend conscience de son dénuement.

« Le récit de Mme X… » inscrit en creux une aventure, et la nouvelle se voue à la célébration de ce qui n'a pas eu lieu :

Anton Tchekhov - « Le récit de Mme X… »

> Un soir d'été, un procureur en vacances, Piotr, se promène à cheval avec Natalia. Ils éprouvent l'un pour l'autre un vif sentiment, et un immense bonheur à se promener ensemble. Piotr exprime à la jeune femme l'admiration qu'il éprouve pour elle. Mais neuf années s'écoulent sans que le mur qui les sépare leur permette de vivre une attirance qui bientôt se flétrit : Piotr est un roturier timide, de condition modeste, Natalia est une riche aristocrate. À la fin de la nouvelle les jeux sont faits, il ne reste à chacun que le goût doux-amer de la défaite ou de la nostalgie : « Le voilà qui s'assied près du foyer ; il regarde le feu sans un mot… Moi, ne sachant que dire, je lui demande :
> — Alors ?
> — Rien, répond-il.
> Et de nouveau le silence. La lumière rouge du feu joue sur son visage triste. »

La nouvelle et l'action

« Le démon de la perversité » d'E. Poe expose une thèse qu'une histoire illustre. Le narrateur soutient qu'un individu peut être amené à commettre le mal pour le mal, sans raison, comme s'il était mu par une « *force* invincible ». Loin de se limiter à un préambule, cette thèse est longuement développée aux dépens de l'histoire. Ainsi, tout en s'inscrivant dans l'aire du récit, la nouvelle peut en venir à relater l'absence d'événement ou laisser des développements de toutes espèces empiéter sur l'aventure proprement dite. Elle n'est plus alors assujettie aux impératifs de l'action et elle entretient avec elle des relations ambiguës.

« Thème du traître et du héros » (J. L. Borges, *Fictions*) est un titre qui affiche en clair un propos d'essayiste : là où le conteur annonce une « action », le critique répertorie les occurrences qui, dans la longue durée historique, en déclinent les avatars. Dans une méditation sur le temps (*Conférences*, Folio essais), Borges considère que chaque individu « est une copie temporelle et mortelle de l'archétype humain » : « Autrement dit, nous sommes un être qui change et qui reste permanent ». À grand renfort de références philosophiques (Platon, Vico, Leibniz, Hegel), littéraires (Browning, Hugo, Shakespeare), géographiques (la Pologne, la République de Venise, l'Irlande), historiques (l'assassinat de César, de Lincoln), le narrateur de « Thème du traître et du héros » imagine un épisode historique (il est censé se passer en 1824) qui se développe comme l'une des versions d'un thème universel. Alors qu'il poursuit des recherches sur son ancêtre, le héros irlandais Fergus Kilpatrick, Ryan découvre que celui-ci a trahi la conspiration dont il était l'instigateur. Dénoncée au dernier moment, à la veille de la rébellion, cette trahison est travestie en martyre, afin de sauvegarder l'intérêt national. Kilpatrick accepte de faire le sacrifice de sa vie pour jouer aux yeux de son peuple le rôle du héros assassiné.

Dans cette nouvelle, Borges se plaît à entremêler le récit et l'essai. De sorte que, pour le lecteur, l'histoire illustre une thèse autant que la thèse est illustrée par des exemples. Fergus Kilpatrick représente un cas possible parmi d'autres, et son aventure ne fait que reproduire ce qui est advenu à de nombreux personnages historiques. Dans cette nouvelle, action et argumentation, aventure et spéculation, sont intimement associés.

Que dire de l'action, à propos de la nouvelle de Kafka, « Le souci du père de famille » ? Elle comprend cinq paragraphes qui n'occupent que deux pages. Les quatre premiers désignent tour à tour le mot Odradek du point de vue de son étymologie, puis un « être » (une bobine entourée de bouts de fil dépareillés), puis un objet de signification problématique, enfin un personnage sans domicile fixe dont le rire, semblable au bruit du vent dans les feuilles mortes, paraît sortir d'une poitrine sans poumons. Le cinquième et dernier paragraphe exprime l'inquiétude du narrateur à l'idée qu'Odradek puisse lui survivre. La nouvelle se présente comme un portrait en forme de devinette (qui est Odradek, que représente-t-il, comment interpréter sa présence incongrue, quelles relations le lient au narrateur qui se dévoile dans les dernières lignes ?) : descriptions, assertions, s'y substituent entièrement à l'aventure.

Comme on le voit, la nouvelle s'est de maintes manières libérée d'une conception conventionnelle de l'action. Soit en accordant à l'essai une part de premier ordre, soit en réduisant l'intrigue à la portion congrue, au profit des éléments qui ne procèdent pas de l'histoire proprement dite. D'où le caractère protéiforme d'un genre qui fait la part belle à l'essai, au poème, au dialogue, en reléguant au besoin l'action à l'arrière-plan. Cette déperdition tend à devenir monnaie courante dans la littérature contemporaine, si on excepte les nouvelles destinées au grand public.

Toutefois, du fait qu'elle se voue dans la plupart des cas à la relation d'une *histoire*, qu'elle invite le lecteur à suivre le déroulement d'une aventure, la nouvelle, lorsqu'elle s'en déleste, tire de ce démarquage un bénéfice paradoxal : elle demeure concernée par l'événement, *in abstentia*. Elle commémore ce qui ne s'est pas produit, et elle transforme cette carence en aventure.

4. Les personnages

L'illusion de réalité que provoque le récit ne découle pas d'un parti pris réaliste. Elle résulte d'une *mimésis* (d'une illusion de *mimésis*) qui, de manière privilégiée, avère ses personnages, ces êtres d'encre et de papier que Valéry appelait des « vivants sans entrailles ». Même si le lecteur – naïf ou averti – n'est en aucune manière dupe de la convention littéraire, à ses yeux le personnage « existe », dans le cadre d'un récit qui en rend plausible la représentation, et qui rend possibles les considérations psychologiques, les jugements de valeur portés à son sujet. Cette adhésion (avec une identification qui se manifeste sur le mode de la sympathie ou de l'aversion) est d'autant plus forte que s'accumulent, dans le déroulement de l'action, les traits caractérisants. Les épisodes développent un réseau de relations qui, par accumulation et distinction, douent d'« épaisseur » le personnage. La longue durée du récit conforte ses particularités (l'optimisme de Pangloss, l'audace de d'Artagnan, la sagacité de Maigret). Elle accroît sa complexité en multipliant les épisodes (Emma au couvent, épouse de Charles Bovary, attirée par un clerc de notaire, maîtresse de Rodolphe).

La particularité de la nouvelle est de mettre en scène un personnage dans l'espace d'une action simple. Il est vrai qu'en principe rien n'empêche un certain approfondissement, dans la nouvelle longue à péripéties multiples, dans les séries de nouvelles où se retrouve le même héros (Sherlock Holmes de C. Doyle, Romillat de J. Jouet), dans la nouvelle psychologique où le personnage occupe le centre d'intérêt. Pas plus que le roman-fleuve n'exclut des personnages conçus d'une seule pièce, le récit bref n'interdit l'exploration des profondeurs, les arcanes de l'analyse. Tout se passe néanmoins comme si le personnage de la nouvelle était l'objet d'une mise en œuvre particulière. Celle-ci provient de la difficulté d'exploiter une pluralité de voix narratives, une multiplicité de points de vue. Sauf gageure, la nouvelle dissuade la polyphonie ou l'émiettement. La logique du temps, du lieu, de l'action, vont de pair avec une conception particulière du personnage.

Groupes

Le récit bref se prête à la représentation de cas individuels, qu'il s'agisse d'existences résumées dans leur intégralité ou perçues dans des moments choisis. Les groupes s'y limitent souvent aux membres d'une famille dont l'un d'entre eux jouit d'une place privilégiée (le patriarche de « Mateo Falcone », la grand-mère de « Braves gens de la campagne », Henriette dans « Une partie de campagne »). Les destins individuels sont alors situés dans la lignée des régulations ethniques, sociales ou culturelles. Mais il arrive aussi que le récit bref doive son efficacité à la mise en scène de groupes : cette orchestration des comportements collectifs fait la part belle aux stéréotypes.

La première nouvelle importante que publie Maupassant (« Boule de suif » dans le recueil collectif des *Soirées de Médan*) manifeste une remarquable aptitude à représenter la société contemporaine, et plus particulièrement le monde des « bourgeois ». Les personnages qui prennent place dans la diligence sont distribués sur l'échelle sociale comme autant de spécimens représentatifs : tout en bas la prostituée, Boule de suif, et Cornudet, le démocrate, un agitateur républicain de taverne (l'histoire se passe en 1871, au lendemain de l'écroulement du Second Empire). Puis successivement : deux religieuses ; un couple de marchands de vin en gros, M. et Mme Loiseau ; un couple de propriétaires de filatures, M. et Mme Carré-Lamadon, qui appartiennent à la caste supérieure. Et enfin le comte et la comtesse Hubert de Bréville qui sont issus d'une des plus anciennes familles de Normandie. Bien que de conditions différentes, les hommes qui donnent leur nom à ces trois derniers couples appartiennent à « la franc-maçonnerie de ceux qui possèdent ».

Ces dix voyageurs composent un microcosme et leur aventure joue sur le double registre des relations individuelles et de l'ordre social. C'est ce qu'expose de prime abord leur disposition à l'intérieur de la diligence. Sur une rangée de cinq places s'installent les dames, face aux messieurs, dans un ordre qui allie le confort et l'appartenance de classe. Les plus aisés s'installent au fond de la diligence, tandis que les plus modestes ont leur siège à côté de l'entrée. Cette mise en place a valeur de dispositif, elle fait apparaître une organisation strictement hiérarchisée, fondée sur des relations duelles où priment les couples, et qui situe dans des positions subalternes les personnages atypiques. Cornudet, célibataire et républicain, se place à l'écart, tout en demeurant intégré au groupe des hommes. Boule de suif, au contraire, se trouve radicalement exclue : située à côté de Cornudet, elle ne peut trouver place parmi les femmes, sur la rangée qui leur est réservée :

Chevaux
Cocher

	Rangée des hommes	*Rangée des femmes*
	M. Loiseau	Mme Loiseau
	M. Carré-Lamadon	Mme Carré-Lamadon
	le comte	la comtesse
	Cornudet	première religieuse
→	Boule de suif	deuxième religieuse

Entrée de la
diligence

Même configuration du microcosme social dans « La Maison Tellier » où se distinguent les différents groupes sociaux à l'exception principale du monde des ouvriers :

– Madame, la tenancière, incarne la respectabilité. Les cinq prostituées placées sous sa gouverne résument chacune « un type féminin » : *la belle blonde, la belle juive*, etc. (parmi elles, deux sont réservées aux gens du peuple qu'elles reçoivent à l'étage inférieur).

– Les notables de Fécamp qui forment la fine fleur de la clientèle.

– Les villageois de Virville, parmi lesquels le menuisier et sa famille, l'instituteur et ses élèves, le curé et ses ouailles.

Les nombreux individus qui participent au récit (souvent au titre de comparses ou de seconds rôles) ne laissent jamais oublier leur appartenance ni les institutions dont ils relèvent : la maison Tellier, celle du menuisier, celle du saleur de morues ou encore la maison de Dieu dans laquelle s'accomplit le « miracle » d'une ferveur collective due à la présence de « dames de la ville ». En d'autres termes les personnages de cette nouvelle (plusieurs dizaines, compte tenu de l'assistance qui participe à l'office de la première communion) se comportent comme le feraient les principaux rôles d'une fable exemplaire : les Prostituées, les Notables, les Villageois et le Prêtre ou, plus exactement : les Prostituées vues par les Notables, les Villageois et un Prêtre…

Dans ces deux nouvelles les groupes agissent comme des personnages et ils participent à ce titre à la « transformation » qui fait l'objet du récit : l'intégration de Boule de suif puis son sacrifice et son exclusion ; la promotion des prostituées que le prêtre désigne à ses paroissiens comme des êtres d'élite (au dénouement la tenancière s'apprête à épouser M. Vasse, le juge au tribunal de commerce). Alors que les groupes occupent le premier plan, il revient à un personnage, Boule de suif ou Madame, de jouer le rôle du « héros ».

Types

Le resserrement de l'action conduit l'auteur à privilégier un personnage en le plaçant au centre d'une constellation. Si bien que la diversité des figures qu'on rencontre dans le cours du récit est assujettie à un « héros » ou aux valeurs qu'il incarne. « El Verdugo » (« Le Bourreau ») de Balzac raconte dans une nouvelle à grand spectacle d'une douzaine de pages, un épisode de la guerre d'Espagne, en quatre brefs chapitres où apparaissent une quinzaine de protagonistes et plusieurs centaines de figurants.

Balzac - « El Verdugo »[1]

> Victor Marchand, un officier français, est attiré par Clara, la fille d'un grand d'Espagne, le marquis de Légañes, qui est soupçonné de préparer un soulèvement contre l'armée d'occupation. Celui-ci éclate à la fin d'une soirée de bal et l'officier sauve sa vie grâce à l'intervention de Clara qui lui indique où trouver un cheval pour s'enfuir (I). Immédiatement un détachement conduit par un général et l'officier Marchand, est envoyé pour réprimer la révolte. Les membres de la famille des Legañes sont arrêtés, deux cents Espagnols sont fusillés sur la terrasse du château. Alors que le général s'apprête à faire pendre les membres de la famille du marquis, Victor Marchand demande qu'ils soient décapités. Le général accepte, à la condition que l'un des fils du marquis assure la tâche de bourreau (II). Tous les membres de la famille des Legañes supplient le fils aîné, Juanito, de se soumettre à l'exigence du général afin que leur lignée ne s'éteigne pas (III). Clara rejette la proposition de grâce que lui accorde le général si elle épouse Victor Marchand. Elle est exécutée la première par Juanito qui décapite les autres membres de sa famille mais s'évanouit au moment où sa mère s'approche à son tour. Elle se tue en s'élançant par-dessus la balustrade du château. Par la suite, le roi d'Espagne décerne à Juanito le titre d'« el Verdugo ».

Quel personnage assure ici le rôle de héros ? Juanito, le fils aîné, qui trouve la force d'exécuter les membres de sa famille ? Le marquis de Legañes, instigateur d'une révolte, qui en assume l'échec jusqu'au bout ? Ou encore Clara qui refuse de sauver sa vie et son amour ? La multiplicité des centres d'intérêt apparente l'action de cette nouvelle à celle d'un roman. Mais cette profusion est, en fin de compte, sacrifiée au profit d'une économie d'ensemble qui pose le courage dont fait preuve la famille d'un grand d'Espagne (le « courage espagnol » tel que le conçoivent les Français de 1830) comme le « héros » véritable de l'histoire. Le sacrifice des Legañes, leur orgueil intraitable, transforme leur défaite en un triomphe funèbre. Chacun d'eux (ils sont sept au total : les parents, deux filles et trois fils) illustre à sa manière l'orgueil d'un peuple inflexible.

Dans « El Verdugo », le même concept est figuré par plusieurs personnages qui en présentent des variations. Le plus souvent il revient à un seul personnage de représenter un type qui s'affirme

1. Dans *Le colonel Chabert*, Folio.

avec le maximum d'efficace par voie d'antithèse, d'hyperbole ou de métaphore. Peu soucieuse d'affinement et de complication, la nouvelle affectionne les personnages qui s'apparentent aux signes, aux figures de rhétorique. C'est ainsi que la tenancière de la Maison Tellier emprunte les traits de la distinction (*antithèse* : « Enfin, elle avait l'âme bien délicate ») ou qu'à l'inverse, Boule de suif dissimule sa qualité d'âme dans un corps grotesque (*métaphore* : « Petite, ronde de partout, grasse à lard, avec des doigts bouffis, étranglés aux phalanges, pareils à des chapelets de courtes saucisses [...]. Sa figure était une pomme rouge, un bouton de pivoine prêt à fleurir. »)

Les personnages de nouvelle ont vocation à être caractérisés une fois pour toutes, à moins que le changement de caractérisation ne constitue le sujet de l'histoire comme dans « La jeune fille qui tombe, tombe... » de Buzzati, où se marque le passage de la jeunesse à la vieillesse, comme dans « Le violon de Rotschild » de Tchekhov. Dans tous les cas le personnage est fonction d'une action, le portrait qu'en dresse l'auteur est esquissé à grands traits qui signifient haut et clair. Voici, par exemple :

Roderick Usher vu par E. Poe :

> « Le caractère de sa physionomie avait toujours été remarquable. Un teint cadavéreux, – un œil large, liquide et lumineux au-delà de toute comparaison, – des lèvres un peu minces et très pâles, mais d'une courbe merveilleusement belle, – un nez d'un moule hébraïque très délicat [...]. La pâleur maintenant spectrale de la peau et l'éclat maintenant miraculeux de l'œil me saisissaient particulièrement. »
>
> « La chute de la maison Usher ».

Mateo Falcone vu par Mérimée :

> « Figurez-vous un homme petit mais robuste, avec des cheveux crépus, noirs comme le jais, un nez aquilin, les lèvres minces, les yeux grands et vifs, et un teint couleur de revers de botte. »
>
> « Mateo Falcone ».

Ou encore Joy (« joie »), la fille de Mrs Hopewell (« bon espoir » en anglais), vue par F. O'Connor :

> « Une grosse blonde avec une jambe artificielle. Bien qu'elle eût trente-deux ans et une instruction très poussée, Mrs Hopewell la considérait toujours comme une enfant. »
>
> « Braves gens de la campagne ».

L'auteur a commenté ce personnage à l'occasion d'un essai sur « L'Art de la nouvelle » :

> « J'ai écrit une nouvelle intitulée "Braves gens de la campagne" dans laquelle une femme de trente ans, docteur en philosophie, se fait voler sa jambe de bois par un marchand de Bibles ambulant qu'elle a tenté de séduire [...]. Au début du récit nous sommes mis en présence du fait que cette fille, docteur en philosophie, est spirituellement infirme autant qu'elle l'est physiquement. Elle n'a qu'une conviction, qui est de n'en avoir aucune. Cette jambe de bois ne laisse donc pas d'éveiller une correspondance dans les fibres de bois de cette âme. »
>
> F. O'Connor, *Le Mystère et les mœurs,* Gallimard, 1975, p. 106-107.

« L'homme dans un étui » de Tchekhov développe une métaphore qu'expose le titre et que narrativise un portrait-charge. Un certain Bélikov, professeur de grec, porte par tous les temps des bottes fourrées, un parapluie et un gros manteau de coton. Il dispose d'étuis divers dans lesquels il place des objets usuels, sa montre, le canif qui lui sert à tailler les crayons :

> « Même son visage semblait être un étui, parce qu'il le cachait toujours en remontant son col. Il portait des lunettes noires, un chandail, il se mettait du coton dans les oreilles [...]. En un mot, cet homme affichait un besoin constant, insurmontable, de s'entourer d'une enveloppe. »
>
> *Le Violon de Rotschild.*

Plus de dix ans durant, ce personnage censuré fait peser sur la petite ville où il vit, une austérité sourcilleuse. Il fait la connaissance de la sœur d'un collègue, une Ukrainienne délurée et bruyante. Collègues et amis s'ingénient à le convaincre de ne pas manquer l'occasion qui s'offre à lui. Mais le caractère timoré prend le dessus. Ayant aperçu un jour la jeune femme roulant en bicyclette avec son frère, il tombe malade et se couche pour ne plus se relever. Une fois qu'on l'a placé dans l'étui du cercueil, son expression semble enfin redevenir joyeuse...

Patronymes

Gogol s'est plu à définir le personnage du « Manteau » en termes d'insignifiance absolue :

> « Dans un certain ministère [...] travaillait un employé. Cet employé ne se distinguait, il faut bien le dire, par aucun trait remarquable. »

L'auteur ne peut toutefois s'empêcher de pousser à l'extrême le caractère incolore du héros au point de le poser en archétype et de rendre mémorable un être voué à disparaître sans avoir jamais eu l'occasion de s'affirmer : « Akaki Akakievitch fut mené au cimetière et enterré. Et Petersbourg resta sans Akaki Akakievitch, comme si jamais Akaki Akakievitch n'eût existé » (*Les Nouvelles pétersbourgeoises*). Telle est la double tentation qui s'exerce sur l'auteur de nouvelle : poser avec vigueur un personnage qui doit briller d'un éclat d'autant plus vif que sa durée d'existence fictionnelle est des plus réduites, ou le laisser s'estomper au profit de l'aventure dont il est l'agent. Dans le second cas il tire de la médiocrité une part de son intérêt. Le récit assure la mise en exergue du personnage de rencontre, de l'acteur anonyme devenu le représentant d'une commune condition.

De même, le narrateur d'« Au printemps » de Maupassant (*La Maison Tellier*), au moment d'aborder une petite ouvrière à la tête blonde et bouclée, est interpellé par « un homme d'aspect ordinaire » qui le met en garde. Dans les recueils de nouvelles se multiplient ainsi des personnages quelconques qui ont pour vocation de rendre symptomatiques les êtres les plus insignifiants. Dans la mouvance des écrivains réalistes ou naturalistes, Tchekhov a consacré une part importante de ses nouvelles à ce genre de héros voués à la grisaille. Ainsi en va-t-il pour Porphyre (« Le gros et le maigre ») ou pour Anastasie Kanavkine (« Un homme de sa connaissance ») ou encore pour Piotr Serguéitch, le juge d'instruction qui ne parvient pas à vivre l'amour qui l'a illuminé un certain jour d'été. Ils appartiennent à la famille innombrable des personnages indistincts qui, jusqu'à nos jours, hantent les recueils de nouvelles du monde entier, mille et une figures dont le lecteur croise un moment le destin. Bien que Piotr Serguévitch soit évoqué par le récit de Natalia Vladimirovna, la femme à laquelle il confie l'éblouissement qu'il éprouve à sa vue, la nouvelle est attribuée à une personne anonyme, comme l'indique le titre : « Récit de Mme X… ». Cette histoire sans aventure ressemble à celle de n'importe qui : les héros portent des noms passe-partout que le lecteur oublie sitôt après qu'il les a découverts. Ce sont des patronymes qui se confondent les uns avec les autres, comme si la singularité du nom n'individualisait pas plus le personnage qu'un simple pronom. Ainsi apparaissent les innombrables figurants de Daniel Boulanger qui s'est promis de rédiger un millier de nouvelles dont les héros seraient conçus à l'image de la « population du monde ». *Le Chemin des caracoles* (Folio) passe en revue une bonne quarantaine de personnages aux noms indistincts :

Daniel Boulanger
« Le paravent », « La chevelure »

> Rebrock, le cordonnier borgne, entretient, des années durant, une liaison avec Mireille. En dépit de la guerre, de l'occupation, leur amour s'écoule hors du temps. On ne réalise que très tardivement que son échoppe est restée fermée et que Mireille ne répond plus au téléphone (« Le paravent »).
>
> Éliane Ombreva ne participe pas au carnaval qui répand dans la ville confettis et serpentins, car elle n'a pas été élue la reine du comice. Trois jours durant les persiennes de sa chambre restent closes. Quand elle se regarde dans la glace, elle aperçoit « dans sa chevelure de jais, pour la première fois, un crin blanc » (« La chevelure »).

Dans sa conception la plus moderne, la nouvelle enregistre le moindre événement auquel le personnage est étroitement associé, au point de se confondre avec lui. Il est alors réduit à la fonction de « personne » grammaticale, simple support de l'action, pur réceptacle de ce qui advient. Avec la promotion des « personnes » pronominales (« il », « je ») ou la conversion du héros en simple patronyme, le personnage perd l'essentiel de sa consistance. Nom propre, troisième ou première personne du singulier, il se dilue dans le territoire du texte. Il donne au lecteur l'exemple d'une existence verbale, comme le personnage de Cortázar qui n'existe qu'en osmose avec l'ouvrage de fiction dans lequel il s'évade (« Continuité des parcs », *Les Armes secrètes*) ou comme le narrateur de Maupassant qui rapporte une expérience d'une telle intensité que le témoin s'estompe au profit de son témoignage (« La Nuit. Cauchemar », voir p. 164). La nouvelle use alors du personnage comme d'un simple agent : utilité, symbole, signe ou simple voix narrative.

LECTURES CONSEILLÉES

1. L'espace

GENETTE G.,
« Espace et langage », *Figures*, Le Seuil, 1966.

ISSACHAROFF M.,
L'Espace et la nouvelle, J. Corti, 1976.

THIEBERGER G.,
Le Genre de la nouvelle dans la littérature allemande, Minard, 1968, chapitre 2, « L'espace et le temps ».

2. Le temps

CAMERO-PEREZ C.,
« Le temps de la nouvelle », *La Licorne*, « Dynamique des genres », n° 22, 1992.

GENETTE G.,
Figures III, op. cit., chapitre 2, « Durée », et chapitre 3, « Fréquence ».

RICŒUR P.,
Temps et récit, Le Seuil, tomes I, II et III, 1983-1985.

3. L'action

RICŒUR P.,
Temps et récit, op. cit., tome II, chapitre 2, « Les contraintes sémiotiques de la narrativité ».

HAMON PH.,
« Pour un statut sémiologique des personnages », *Littérature*, n° 6, 1972.

JOUVE V.,
L'Effet-personnage dans le roman, PUF, « Écriture », 1992.

5. Récit, narratologie

ADAM J.-M.,
« Le Récit », *Le Grand Atlas des Littératures*, Encyclopaedia Universalis, 1990.

ANGELET C. et HERMAN J.,
« Narratologie », chapitre 12, dans *Introduction aux études littéraires*, Delcroix M. et Hallyn F., Duculot, 1987.

GENETTE G.,
Figures III, op. cit.

II. Stratégies d'écriture

Victor Chklovski écrivait, à l'occasion d'une réflexion sur la nouvelle, qu'elle était déterminée « comme toujours en art [...] par les règles du métier », c'est-à-dire les techniques, les moyens d'expression. Ce genre se prêterait particulièrement à l'élaboration des formes, proposition qu'un Georges Lukács adopte également en affirmant que de tous les types de récits la nouvelle est le plus « artistique ».

Ce sont là des pétitions de principe, qui donnent matière à d'infinies controverses car on trouve sans peine des nouvelles destinés à la consommation courante, qui sont d'une pauvreté artistique manifeste, ou des romans (ceux de J. Gracq, pour ne citer qu'un seul nom) éminemment élaborés. Un parti pris un tant soit peu formaliste a toutefois l'avantage de simplifier l'appréhension d'un genre proliférant. D'imposer aussi un ordre du questionnement, qui place au premier plan ce qui relève d'une manière d'écrire : comment la nouvelle est-elle rédigée, quels effets de sens produit-elle ? Viendront ensuite des analyses plus fines, des interprétations qui se développeront *ad libitum*, en fonction des grilles d'analyse ou, plus simplement, des lecteurs et des situations de lecture. En attendant, on lira la nouvelle comme le produit de choix multiples, de mises au point ou de transformations. Le même type de scénario fait l'objet parfois de variations qui peuvent, en théorie, se poursuivre à l'infini, comme en témoignent « Les bijoux » et « La parure » de Maupassant, « Première souffrance » et « Un champion de jeûne » de Kafka (histoire que G. Perec réécrit au chapitre XII de *La Vie, mode d'emploi*, Hachette, 1978).

Les éditions critiques, quand elles existent, font connaître les hésitations de l'auteur (trois versions des *Moralités légendaires* de Laforgue, Droz, 1980). Mais d'ordinaire le lecteur est en présence d'un texte « nu » ; il est en prise directe avec un récit dont le propos est de capter son intérêt, et, sinon d'« instruire et plaire », du moins d'influer sur lui, de proposer des valeurs, une vision des choses. Cortázar raconte qu'à la lecture d'un de ses récits, un ami dont les réactions l'incitaient à des reformulations, a d'un coup de poing fait voler en éclats le miroir de sa salle de bain. L'anecdote illustre le dessein de l'auteur, qui cherche à transformer son lecteur, à lui communiquer une expérience intime qui est parfois fondamentale, de tout faire pour qu'il ne sorte pas intact de l'aventure où il se compromet.

1. Composition

Commentant la construction de la nouvelle par un artiste habile, E. Poe la comparait à celle d'un tableau peint. Les formes brèves, d'une manière générale, facilitent une appréhension rapide et elles donnent l'illusion d'une perception exhaustive. Le lecteur en mémorise un nombre important de données, ce qu'empêchent les développements arborescents du roman. De même que le dessein de la nouvelle apparaît rapidement, la netteté de son dessin révèle ce que F. O'Connor appelle « une unité dramatique indécomposable ». La mise en place du récit tend à rendre immédiatement perceptible son schéma directeur.

Parce qu'elle rend possible une vision pour ainsi dire synoptique de son intégralité, la nouvelle rend lisibles des figures comme l'homologie, la gradation, le parallélisme ou l'opposition. Les successions de paragraphes, de séquences, de scènes, décrivent des épures, souvent conventionnelles, parfois déroutantes. Du fait que chaque récit fait valoir une logique qui lui est propre, on se contentera de donner ici quelques exemples de dispositions et des effets de sens qu'elles dispensent.

Linéarité

La relation d'une action linéaire est la forme canonique qu'empruntent la plupart des nouvelles, de « Mateo Falcone »

(Mérimée), à « La ronde » (J.-M. Le Clézio), de « Morella » (E. Poe) au « Reflet » (J.-L. Trassard). Outre l'avantage d'une parfaite lisibilité, elle dramatise l'événement par l'exposé d'un déroulement irréversible. Les épisodes s'enclenchent en une succession inéluctable : Mina de Vanghel, dans la nouvelle de Stendhal du même nom, use d'un déguisement pour approcher l'homme dont elle s'est éprise, puis de stratagèmes pour rendre possible leur amour (Alfred de Larçay est marié). Elle sera prise à son propre piège en perdant l'estime de son amant qui découvre ses intrigues. Après la rupture, elle le suit des yeux jusqu'au coin de la rue : « Quand il eut disparu, elle alla dans la chambre d'Alfred et se tua d'un coup de pistolet dans le cœur. » Le dénouement tombe comme un couperet, la linéarité transforme l'histoire en une destinée gouvernée par l'inéluctable. Parce qu'elle fournit le dispositif le plus rudimentaire, cette composition se prête à l'exposé d'histoires au contenu hermétique ou incongru. La nouvelle suivante d'E. Poe illustre les relations entre la disparition et la survivance de l'être aimé :

Edgar Poe - « Éléonora »

> Le narrateur passe son enfance et sa jeunesse dans un lieu paradisiaque, la Vallée du Gazon Diapré, auprès de sa mère et de la fille unique de la sœur de celle-ci, Éléonora, depuis longtemps orpheline. Quinze années durant ils vivent l'un près de l'autre jusqu'au jour où l'amour pénètre leurs cœurs. Bientôt la jeune fille prend conscience que sa fin approche. Elle s'afflige à l'idée qu'après sa disparition, celui qu'elle aime s'éprendra d'une autre femme. Mais le jeune homme lui fait le serment d'une fidélité éternelle, en invoquant le nom du Créateur. Les yeux d'Éléonora brillent alors d'un éclat plus vif. Quelques temps plus tard, elle meurt paisiblement, assurant son bien-aimé qu'elle continuera de l'au-delà à veiller sur lui.
>
> Le narrateur fait alors l'expérience de longues années moroses et solitaires dans le vallon où s'étiolent les formes de vie qui en faisaient l'attrait. Bien qu'il pressente (et perçoive très précisément une fois) la présence de l'aimée, il finit par quitter le lieu de son enfance pour rejoindre une cité étrangère. Il s'y éprend bientôt d'une autre femme, une beauté sans pareille, Ermengarde, qu'il épouse, sans effroi de parjure. Une nuit, dans le silence, il entend une voix familière qui prononce à son égard des paroles de pardon.

La simplicité de cette histoire confine au dépouillement. Les différents épisodes se font suite sans intrigue car la seule rupture à laquelle on assiste est le fait du narrateur-héros, traître à la parole qu'il a donnée. Le « tournant » du récit est annoncé par une ligne de points de suspension, qui la scinde en deux parties distinctes, démarquant les années passées dans le Vallon du Gazon Diapré et le départ pour la cité étrangère. L'histoire s'achève sur les paroles, transcrites au style direct, de la morte offensée.

Mais l'interprétation de cette composition simple ne va pas de soi : faut-il penser avec Baudelaire, traducteur de cette nouvelle (reprise dans *Histoires grotesques et sérieuses*), que le narrateur, à l'image de l'auteur, poursuit « dans diverses liaisons l'image d'une femme unique » (c'est ce qu'il affirme dans une note commentant la fin du récit) ? Ou, au contraire, et conformément à ce qu'exposent maints récits de Poe, que la passion est source de déchéance, qu'elle empêche les hommes de participer à l'harmonie universelle dont le Vallon du Gazon Diapré donne l'image ? Ou faut-il adopter le point de vue qui s'exprime dans les dernières lignes du récit, celui d'une mansuétude qui ne peut qu'émaner d'un principe divin ?

La linéarité du récit, telle du moins qu'elle est exploitée dans « Éléonora », propose sans imposer, elle dispose un ordre des événements laissé à l'interprétation : la visée métaphysique emprunte la voie de l'exposé factuel. L'évidence de la composition recèle, on le voit, une part non moins évidente de mystère. Même simplicité de la disposition dans la plupart des nouvelles de F. Kafka :

Franz Kafka - « Un artiste de la faim »

D'entrée de jeu le narrateur oppose un âge d'or à la désolation des temps présents.
Le héros de l'histoire est un jeûneur professionnel qui a connu son heure de gloire. Sous la lumière des projecteurs et en dépit des malveillances, il présentait le spectacle d'un jeûne de longue durée, que son imprésario limitait à quarante jours pour déjouer la lassitude du public (en son for intérieur l'artiste de la faim regrettait de ne pouvoir dépasser cette limite pour atteindre « des records inimaginables »).
Un revirement a lieu quand le public porte son attention sur d'autres spectacles. Le jeûneur doit alors donner congé à son

imprésario et se faire embaucher au rabais par un cirque où on l'exhibe non loin de la ménagerie. Peu à peu tout le monde l'oublie, on cesse de décompter ses journées de jeûne. Un inspecteur le découvre par hasard, agonisant sous la paille. Le champion lui avoue alors ne mériter en rien d'être admiré car il a choisi de jeûner faute d'avoir pu trouver un aliment à son goût. Il meurt après cet aveu, et on place dans sa cage une panthère dont la vitalité impressionne les foules.

La nouvelle relate deux périodes successives qui dessinent la courbe de la grandeur passée et de la décadence présente. Au dénouement, une brève scène fait connaître les motifs du champion. Mais la succession logique des épisodes (auxquels se mêlent des raisonnements non moins logiques) ne cesse d'éclairer l'absurdité de son choix et de ses exploits. Selon Claude David, spécialiste de Kafka, cette histoire a suscité une bonne cinquantaine d'interprétations (le statut du juif, de l'artiste, du célibataire...) : la netteté de la composition, là encore, est associée à l'énigme du personnage et de son entreprise.

Diptyques, triptyques

« Éléonora », « Un artiste de la faim », comportent deux parties, matérialisées par la typographie (les points de suspension) dans le premier cas, signalées dès les premières lignes dans le second (« C'étaient *d'autres temps... aujourd'hui* »). On observe fréquemment une organisation de la nouvelle en diptyque ou triptyque. Cette organisation peut être explicitement signalée (par des chiffres ou des « blancs », par exemple) ou simplement exprimée par le développement de l'action. En voici quelques exemples :

– Diptyques

« À s'y méprendre ! » : le narrateur entre par hasard dans un bâtiment où des individus, les yeux fixes, le regard vide, paraissent méditer. Il réalise qu'il se trouve dans une salle de la Morgue (1). Un peu plus tard, il pénètre dans une sorte de hangar où les individus, la tête levée, les yeux fixes, paraissent méditer. Il réalise qu'il se trouve dans un café (2).

Villiers de l'Isle-Adam, Contes cruels.

« Fin d'un jeu » : des fillettes s'amusent à composer des personnages imaginaires pour séduire un jeune voyageur qui passe régulièrement en train près de chez elles (1). L'illusion prend fin lorsque le jeune homme descend un jour pour les rencontrer (2).

J. Cortázar, Les Armes secrètes.

– **Triptyques**

« L'intruse » : deux frères, Eduardo et Cristián Nilsen, défendent jalousement leur solitude (1). Cependant, l'un d'eux s'éprend de Juliana, ce qui ne cesse de perturber leurs relations (2). Pour retrouver la paix, l'un d'eux assassinera la jeune femme (3).

J. L. Borges, Le Rapport de Brodie.

« Sioulas le tanneur » : depuis des générations les tanneurs d'un village du nord de la Grèce vivent en stricte autarcie (1). La concurrence de l'étranger restreint la production et contraint le ménage de Soùlias à solliciter le crédit des commerçants (2). Se résignant à vendre son fusil, Soùlias rencontre un gitan et divers habitants avec lesquels il se lie d'amitié (3).

Dimìtris Hadzis, Le Cahier du détective, éditions Complexe.

Dans ce type de nouvelles dont la structure est nettement marquée, se manifeste moins « l'effet de totalité » que divers jeux de symétrie. Ils sont rendus perceptibles – et intelligibles – tant par la brièveté qui en permet une vue cavalière, que par la mise en page (signalisations diverses), un marquage textuel (prélude, finale, répétitions) ou des figures qui mettent en relation (parallèle, opposition) un personnage ou un groupe, qui associent étroitement situation initiale, péripéties et dénouement. Une composition plus complexe de la nouvelle n'exclut pas des rapports clairement indiqués entre les différentes parties, les différents acteurs et les moments de l'action.

Combinatoires

Au cinéma, le montage assemble les différentes séquences du récit ; tout en établissant entre elles un lien narratif, il joue également un rôle rythmique, expressif ou explicatif. La nouvelle se compose pareillement d'une suite de développements. On se souvient qu'« El Verdugo » de Balzac comporte quatre sections numérotées, comparables aux chapitres d'un roman. « La Vénitienne » de Vladimir Nabokov (nouvelle qui figure dans le recueil du même nom, éditions Gallimard, 1990) en compte neuf. Dans de tels exemples, le récit bref adopte une forme composite ou complexe, sans pour autant se départir d'une configuration lisible. Comme si la nécessité de « *fournir un exposé logiquement cohérent du thème, du sujet, de l'action, des comportements* », que S.M. Eisenstein attribue au montage cinématographique (*Réflexions d'un cinéaste*, Moscou, s.d., p. 67), s'appliquait également à l'organisation de l'histoire dans l'espace du récit bref.

– **Assemblage**

« Bruits » est une nouvelle que Nabokov rédige à vingt-quatre ans (elle n'a été publiée qu'après sa mort, dans *La Vénitienne*). Sa mise en page la dissocie en une quinzaine de séquences, chacune délimitée par un astérisque. Le narrateur y raconte à la première personne le souvenir d'un après-midi particulier et d'un moment décisif, en s'adressant directement à une femme mariée qui était alors sa maîtresse : « De toute mon âme, étendue, je te regardais. »

Les amants doivent se rendre dans la maison d'un instituteur, Pal Palytch, chez qui le narrateur retourne après la visite, pour y chercher un porte-cigarettes qui a été oublié. Pal s'est enfermé à clef, il a les yeux rougis, tout laisse entendre qu'il nourrit pour la jeune femme un amour sans espoir.

Lorsqu'il rejoint sa maîtresse, le narrateur apprend que son mari vient de lui annoncer par téléphone son retour pour le soir même. Elle lui déclare alors qu'elle est prête au divorce pour vivre avec lui.

Pris de court, le jeune homme se dérobe. Il éprouve avec ardeur le tournoiement de tous les « bruits » du monde, et ne se résout pas à s'attacher à une femme.

On ne peut à vrai dire résumer, moins encore que toute autre, une histoire où prédominent les exaltations d'un personnage qui vit l'une de ses premières aventures en percevant, en même temps que les joies de la passion, toutes les rumeurs du monde. Lorsque sa maîtresse lui fait part de sa décision, il ne parvient pas à lui répondre :

> « Un moment s'écoula : durant cet instant beaucoup de choses s'étaient passées dans le monde : quelque part un gigantesque

> bateau était allé par le fond, on avait déclaré la guerre, un génie était né. Ce moment était écoulé. »
>
> V. Nabokov, « Bruits », *La Vénitienne.*

Alors que la relation des événements suit l'ordre de la chronologie, la composition par séquences discontinues en détruit la linéarité pour assembler un agrégat d'instants vécus par le narrateur comme autant d'absolus. Chaque geste, chaque accent de voix, chaque détail, semble exister pour lui-même. La construction du récit, en combinant ces instants de vie, rend compte de l'essentiel : l'acuité d'une conscience juvénile, sensible à l'unité de l'être ainsi qu'à l'infinie diversité qui en compose l'harmonie.

– **Mise en abyme**

Aux antipodes de la flexibilité d'un tel assemblage, la mise en abyme[1] impose un cadre rigide, dans un propos ludique ou pédagogique. Le lecteur-héros de « Continuité des parcs » s'introduit dans la fiction qu'il lit avant que celle-ci fasse intrusion dans sa propre existence (J. Cortázar, *Les Armes secrètes*) : troussée en quelques lignes, cette nouvelle met en scène l'activité de chacun de ses lecteurs. Les intentions de Maupassant dans l'emboîtement d'« Au printemps », apparaissent plus didactiques :

Maupassant - « Au printemps »

> Le narrateur, par une belle journée de soleil printanier, se rend sur les bords de la Seine d'où il s'embarque sur un bateau à vapeur, *La Mouche,* afin de se rendre dans un bois voisin. Il est séduit par le minois d'une passagère qu'il s'apprête à aborder.
> Un inconnu intervient, qui l'en empêche et l'oblige à écouter sa mésaventure : lui aussi a été séduit, un jour de printemps, par une inconnue. Mais le désastre qui s'en est suivi (au lendemain du mariage, la jeune femme se révèle insupportable) doit servir de leçon à quiconque s'abandonne aux tentations de la belle saison.

Le premier narrateur (N1) est relayé par le second (N2) dont la mésaventure « justifie » l'interruption de l'idylle qui s'amor-

1. Procédé d'auto-réflexivité : la « mise en abyme » désigne toute enclave qui, dans une œuvre, se réfère à la totalité dans laquelle elle s'insère (voir dans *Le Grand Atlas Universalis des littératures* la notice de L. Dällenbach, p. 30-31).

çait. Raconté au présent, le premier récit laisse place à un second récit qui est raconté au passé et qui entretient avec le premier des relations de mise en miroir.

– **Alternance**

L'alternance de séquences, éventuellement rendues distinctes par un artifice de présentation (caractères romains et italiques), dédouble le récit tout en préservant son intelligibilité. Les histoires qui se déroulent sur deux plans différents, se rattachent aux états de conscience d'un seul personnage. Dans « Les neiges du Kilimandjaro », Hemingway raconte les derniers jours d'un amateur de safari, Harry, dont la blessure bénigne s'infecte et lui gangrène la jambe. Il est immobilisé depuis quinze jours, en pleine brousse, avec sa riche épouse, dans l'attente de secours. Le récit des relations tendues du couple, de l'existence de chacun des personnages, est coupé par des retours en arrière qui retracent différentes périodes du passé de Harry, un écrivain qui n'a pas su réaliser ses ambitions et qui est désormais condamné à évoquer « tout ce qu'il n'avait jamais écrit ». La composition de la nouvelle en séquences alternées a pour effet de dresser le bilan désenchanté d'une vie.

Également associé à l'intrusion de la mort, mais cette fois d'une manière moins rétrospective que prospective, « Le Sud » de J.L. Borges (*Artifices*, deuxième partie de *Fictions*) et « La nuit face au ciel » de Cortázar (*Les armes secrètes*), la seconde de ces nouvelles étant probablement inspirée par la première. Dans celle de Cortázar, un motard, à la suite d'un grave accident, est conduit en ambulance à l'hôpital : se succèdent alors ce que ressent le blessé et ce qu'il rêve (des Aztèques sont lancés à sa poursuite, il doit s'armer d'un poignard de pierre pour se défendre). Dans la nouvelle de Borges, le héros, blessé par un volet, est conduit dans une clinique. Deux perceptions se mêlent : celle de l'internement médical et celle d'un voyage dans le sud de l'Argentine : « C'était comme si deux hommes existaient en même temps. » L'aventure onirique l'emporte, elle entraîne le héros dans un duel au poignard dont il ne peut sortir vainqueur. Mais alors que Cortázar opte pour le contraste entre rêve et réalité, Borges mêle subtilement ces deux ordres jusqu'à les rendre indiscernables. Car la composition ne se laisse pas toujours lire en clair, et si elle fait toujours sens, encore faut-il préciser qu'elle ne l'explicite pas nécessairement.

2. Énonciations

Raconter, c'est opter pour un régime énonciatif qui relève des actes du discours, non des genres littéraires cautionnés par l'usage, les institutions scolaires ou éditoriales. Les grandes catégories de l'énonciation s'imposent à toutes les œuvres de langage, dont la nouvelle ne représente qu'une expression parmi d'autres. Chaque fois, on s'intéresse au parti qu'en tire un auteur. En raison de sa morphologie, la nouvelle exige la mise en œuvre d'options rapides, immédiatement perceptibles. L'auteur doit viser vite et juste ; il doit aussi motiver les formes qu'il adopte. La maîtrise de l'activité narratrice participe pleinement à la réussite d'un genre voué tant à l'économie qu'à la précision.

La nouvelle encadrée

Les cent nouvelles nouvelles (1455) sont racontées par un groupe de courtisans qui parlent chacun à son tour et qui, de temps à autre, communiquent entre eux. Ce cadre, imité du *Décaméron* de Boccace, se retrouve dans l'*Heptaméron* de Marguerite de Navarre où les participants commentent chaque fois l'aventure que l'un d'eux a narrée. Le cadre offre l'avantage d'organiser en une œuvre unique une multiplicité d'histoires et de leur imposer un minimum de cohérence, tout en préservant le caractère oral du récit qui restitue la convivialité d'une communication de groupe. Par cet artifice, chaque narrateur simule l'activité du conteur, qu'on imagine s'adressant à des proches lors d'une réunion ou d'une veillée au coin du feu.

Cette convention persiste au XIXe siècle, alors qu'a disparu l'ambition de composer un ensemble homogène à partir de pièces séparées : la faveur de nombreux recueils conçus ou non par les auteurs (Maupassant, Mérimée) montre que le public se satisfait de ces « miscellanées ». L'encadrement concerne alors une seule histoire, selon une procédure consacrée : un premier narrateur (N1) commente son récit dont il dispose le cadre, puis il est relayé par un second narrateur (N2) dont il devient l'auditeur et, le cas échéant, l'interlocuteur. Ce procédé a été maintes fois utilisé par les uns et les autres (on se reportera, à titre d'exemple, à « Madame Baptiste » de Maupassant, reproduite à la suite de « La Maison Tellier » dans l'édition Folio). Usé jusqu'à la corde, il a été souvent tourné en dérision.

Jules Laforgue - *Moralités légendaires*

> Après le dénouement de « Persée et Andromède » (l'héroïne est abandonnée par son sauveur mais le monstre, que celui-ci a abattu, se métamorphose en Prince charmant), l'auteur révèle inopinément au lecteur l'existence d'un narrateur et d'une narratrice tenus cachés jusqu'alors : « Ah ! ça, mon cher monsieur Amyot de l'Épinal, vous nous la baillez belle avec votre histoire ! s'écria la princesse d'U.E. »

Mais longtemps après qu'on l'a ainsi parodié, le cadre persiste. Des écrivains comme Roger Martin du Gard (« La confidence africaine »), Marguerite Yourcenar (*Nouvelles asiatiques*) ou J.L. Borges y recourent si volontiers qu'on doit prendre acte de l'attrait qu'il exerce. L'encadrement intéresse en effet à des titres divers :

– De prime abord il inscrit le récit dans une tradition, ce qui en rappelle l'appartenance générique (*ceci est un conte*).

– Il contribue à avérer l'histoire par une authentification qui, pour être conventionnelle, n'en est pas moins opératoire (de la même manière la photographie « avère » l'information verbale qu'elle accompagne).

– Il permet d'objectiver une énonciation à la première personne (N2 dit « je ») par un personnage présenté à la troisième personne.

– Il transmet une passion, une vision, une tension dramatique, ou du moins impose la présence d'un visage, d'une parole.

> « Et il commença, d'une voix fatiguée, que des quintes de toux interrompaient par moments. »
>
> Maupassant, « Auprès d'un mort »,
> publié à la suite de *La Maison Tellier*, Folio.

> « Je ne sais quelle inspiration, quelle exultation ou quel dégoût me fit parler de la cicatrice. Le visage de l'Anglais s'altéra ; pendant quelques secondes je pensai qu'il allait me mettre à la porte. À la fin il me dit de sa voix habituelle :
> — Je vous raconterai l'histoire de ma blessure à une condition : je n'en atténuerai ni l'opprobre ni les circonstances infâmantes.»
>
> J.L. Borges, « La forme de l'épée », *Fictions*.

– Le cadre met en place une situation de communication où l'interlocution peut avoir lieu. Dans différentes nouvelles des *Diaboliques* de Barbey d'Aurevilly, l'activité du conteur et l'impression que son récit produit sur son auditoire, en viennent à intéresser autant que l'histoire elle-même (« Le plus bel amour de Don Juan », « Le dessous de cartes d'une partie de whist »).

– Cette interlocution permet au lecteur de changer de point de vue, d'adhérer tour à tour à la personne et aux valeurs d'un narrateur puis d'un autre, au moins virtuellement. Ce jeu de rôles s'organise en duophonie ou en polyphonie énonciative qui apporte au récit un élément de variété complexifiant l'étroitesse du champ qui s'offre à la narration.

Il revient à l'auteur de tirer parti de la convention en motivant le procédé de l'encadrement. Tchekhov pourrait dresser le portrait de « L'homme dans un étui » sans recourir au témoignage de Bourkine, un professeur de collège qui, alors que la nuit est tombée, s'adresse à son compagnon de chasse, Ivan Ivanytch. Mais la présence des deux personnages permet d'éviter une simple étude de cas. Leur dialogue invite à la généralisation : « Le fait que nous vivons en ville, à étouffer [...], à remplir des papiers inutiles [...] est-ce que ce n'est pas un étui ? », demande Ivan. Les réflexions se prolongent puis Bourkine s'endort tandis que son compagnon s'assied devant la porte et allume sa pipe. En exploitant substantiellement le cadre, à la fin de sa nouvelle, Tchekhov incite à adopter le point de vue d'Ivan Ivanytch qui s'absorbe *in fine* dans une méditation que chaque lecteur peut développer pour son propre compte.

Le premier narrateur de « La forme de l'épée » de J. L. Borges est intrigué par la cicatrice d'un propriétaire terrien, l'Anglais, qui vit dans le secret. Celui-ci raconte comment il a fait la rencontre, à l'époque où il conspirait avec d'autres Irlandais pour l'indépendance de son pays, d'un certain John Vincent Moon, un révolutionnaire marxiste dont les thèses rigides recouvraient le tempérament d'un lâche. À la fin de son récit il rapporte comment il a marqué de la lame d'un cimeterre le visage du traître : « Borges, je vous ai fait cette confession à vous, un inconnu. Votre mépris ne m'est pas si douloureux. »

Et, à la suite du dialogue qui s'instaure entre les deux personnages, l'Anglais explicite son aveu :

> « je vous ai raconté l'histoire de cette façon pour que vous l'écoutiez jusqu'à la fin. J'ai dénoncé l'homme qui m'avait protégé : je suis Vincent Moon. Maintenant, méprisez-moi. »

On voit le parti que l'auteur tire du « cadre » aux points de vue dramatique et idéologique. L'effet de surprise trouve sa raison d'être dans le fait que l'Anglais répugne à se présenter sous les traits d'un être vil. Mais le dévoilement signifie aussi que n'« importe quel homme est tous les hommes », comme le narrateur à la cicatrice l'affirme (Borges illustre cette thèse dans divers récits et de nombreux entretiens). Loin de constituer un artifice de présentation, le relais entre le premier et le second narrateur place le lecteur dans le vif du sujet en l'obligeant à une implication maximale. Adoptant la curiosité puis l'admiration du premier narrateur, il s'identifie à un héros romantique, avant d'être amené brutalement à se considérer sous les traits d'un être vil.

L'énonciation à la première personne

Parmi les classements possibles des nouvelles (historique, thématique ou narratologique), celui qui s'attache aux manières de raconter distingue deux types d'énonciation qui impliquent différemment le lecteur :

– Le récit à la première personne, où le narrateur est soit un personnage de l'aventure qu'il raconte, soit un simple témoin, direct ou indirect. Dans les deux cas le récit s'organise en fonction d'un « je » qui se situe au centre et qui place le lecteur dans l'illusion d'une relation directe à l'énonciateur (voir G. Genette, *Figures III*, Le Seuil, p. 266).

– Le récit à la troisième personne du singulier, où le médiateur est un narrateur extérieur à l'histoire qu'il raconte et adopte des points de vue qui varient selon les récits ou dans le cours du même récit.

Une telle distinction rend compte d'une option essentielle de l'auteur au moment où il engage la relation de l'aventure, celle de la perspective narratrice. C'est par elle que le lecteur est associé (quel que soit le personnage auquel il s'identifie par ailleurs) *à celui qui raconte*.

Alors que dans le premier cas le lecteur perçoit les événements à partir d'un narrateur personnel qui l'incite à une appropriation maximale de l'énonciation, dans le second cas la narration ne cesse de lui rappeler une présence médiatrice, y compris lorsque le narrateur se laisse ignorer (énonciation « objective » du récit historique) ou lorsqu'il épouse au plus près le point de vue d'un personnage (focalisation interne, style indirect libre). Une telle partition permet d'envisager la nouvelle moins en termes de « discours du récit » que de perception des effets, c'est-à-dire d'esthétique.

> « Personne ne saura jamais comment il faudrait raconter cette histoire : à la première ou à la deuxième personne du singulier, ou à la troisième du pluriel, ou en inventant au fur et à mesure des formules nouvelles… »
>
> J. Cortázar, « Les fils de la Vierge », *Les Armes secrètes*

De toutes les catégories établies, le récit à la première personne offre l'exemple d'une netteté particulière lorsque celui qui raconte est également celui qui perçoit et qui participe à l'action. Dans le contrat de la fiction, ce narrateur incite le lecteur à adopter son point de vue. La nouvelle emprunte la forme du monologue, du journal intime, de la confidence, elle se donne comme un témoignage. Placé en prise directe, le lecteur partage une expérience qu'il reprend à son compte. Voici quelques exemples :

Gogol - « Le Journal d'un fou »

Du 3 octobre au Jo 34 e ur Ms nnaée février 349, ce journal intime rapporte la dégradation mentale d'un petit fonctionnaire qui s'éprend de la fille du directeur, Son Excellence, dont il taille un nombre considérable de plumes. Frustré de ne pas être payé en retour, il surprend les conversations et la correspondance que Medji, la petite chienne de la jeune fille, entretient avec Fidèle, son soupirant.

Les Nouvelles pétersbourgeoises.

Kafka - « Communication à une Académie »

Un singe présente aux membres d'une société savante une communication où il relate comment il est passé de l'état simiesque à la condition d'homme. Capturé en Afrique et

> conduit en Europe, il s'est efforcé de tirer le meilleur parti de son asservissement. Pour quitter le jardin zoologique, il apprend à imiter les hommes, ce qui lui permet d'exercer ses talents dans un music-hall.
>
> *Un Médecin de campagne*

Si le bref résumé de chacune de ces nouvelles parvient à en donner une idée assez précise pour ce qui concerne l'*histoire*, il échoue totalement pour ce qui procède de la *narration*. Avec une parfaite candeur, le locuteur de Gogol fait part de ses considérations sur la frivolité des femmes, il affiche une connaissance délirante des réalités ordinaires. Le décalage entre ce qu'il formule et ce que le lecteur discerne, est source d'un grotesque qui se teinte de sublime. En prise directe avec le « je », le lecteur est amené à adopter sa perception, il partage le pathétique des interrogations qu'énonce son doux délire : « Qui peut être quelqu'un ? »

Avec la « Communication à une Académie » de Kafka, le narrateur change de registre et de fonction. Sans incidence vériste, la première personne accrédite la fable. En même temps que le singe savant expose les phases de son évolution vers l'idéal humain, ses observations font apparaître des déficiences qui entachent celui-ci. L'argumentation de la communication se pervertit insidieusement en satire des prétentions et des illusions dont se grisent les hommes. Par la narration personnelle se prononce ainsi un plaidoyer à rebrousse-poil.

Le récit à la première personne exerce une fascination particulière parce que s'y manifeste, s'y construit et s'y recompose, mot après mot, l'identité d'un sujet. Le texte de la narration est le seul témoignage que celui qui parle « donne ainsi lui-même sur lui-même » (É. Benveniste, *Problèmes de linguistique générale*, Gallimard). Ceci dans une relation d'implication maximale, puisque toute expression de la première personne présuppose la présence d'un « tu » interlocuteur. J. Cortázar se plaît à placer le narrateur au centre de l'intérêt : devenu le principal « sujet » de l'histoire, celui-ci oblige le lecteur à s'interroger sur sa personne, ses mobiles ou sa plausibilité (« Les fils de la Vierge », *Les armes secrètes* ; voir aussi « La Nuit. Cauchemar » de Maupassant, ci-après p. 164).

Le narrateur prend le pas sur l'histoire, la nouvelle cesse d'être récit d'événements au profit d'une relation révélatrice d'une personne. Madame Francinet qui raconte ses aventures dans « Bons et loyaux services » (J. Cortázar, *Les Armes secrètes*) gagne à l'occasion quelques petites sommes en rendant service dans des maisons bourgeoises. Ancienne ouvrière à la retraite, elle ne peut comprendre ce qu'elle rapporte aussi bien que le fait un lecteur averti. Celui-ci doit sans cesse adopter le point de vue « naïf » d'une femme qui ignore tout des codes et des mœurs du milieu qu'elle côtoie, puis les interpréter pour son propre compte. Plus que les événements, c'est la vision de la narratrice qui dans une telle nouvelle retient l'attention.

L'énonciation à la troisième personne

Dans l'énonciation à la troisième personne du singulier, le narrateur s'efface, si bien que le lecteur peut avoir l'illusion que « les événements semblent se raconter d'eux-mêmes », que « personne ne parle » (É. Benveniste, *op. cit.*). On n'a pas eu de mal à montrer, bien entendu, que même dans le cas limite, tout idéal, du récit « historique » ou « objectif », le narrateur ne cesse d'imprimer sa marque, car il ne peut y avoir d'énoncé sans énonciateur. Toutefois les manifestations de l'instance narratrice varient selon les stratégies des auteurs. Ou bien ils placent au premier plan les événements et gomment, autant que faire se peut, la présence d'un narrateur (Flaubert, « Un cœur simple ») ou bien ils en révèlent la présence et l'exploitent à des fins diverses. Mais, qu'il soit plus ou moins perceptible, le narrateur fait partie intégrante de l'histoire à laquelle il donne sa tonalité.

« La porte condamnée » de J. Cortázar (*Gîtes*, Gallimard, 1968) raconte comment un voyageur de commerce, gêné par les pleurs d'un enfant provenant de la chambre mitoyenne (occupée par une femme seule), réagit de sorte que sa voisine quitte l'hôtel. Pourtant, la nuit qui suit ce départ, il entend de nouveau les pleurs de l'enfant. Dans l'ensemble de la nouvelle, le sentiment d'inquiétante étrangeté est renforcé par une narration aussi neutre que possible :

> « L'hôtel Cervantes plut à Petrone pour les mêmes raisons qu'il aurait déplu à d'autres. C'était un hôtel sombre, tranquille, presque désert. Une personne rencontrée pendant la

> traversée du fleuve le lui avait recommandé parce qu'il était dans le quartier central de Montevideo. »

Moins discret, le narrateur de « Boule de suif » (Maupassant), bien qu'il ne se manifeste pas de manière explicite, ne cesse de commenter l'histoire. En cette lecture guidée, le lecteur est invité à entretenir avec les personnages des relations passionnelles, à juger leur comportement. Dans les lignes qui suivent les passagers complotent pour contraindre la prostituée à céder aux exigences de l'officier prussien. Il semble pour le moins difficile de ne pas souscrire aux appréciations sarcastiques du narrateur :

> « C'était fort convenable, du reste. Ces dames surtout trouvaient des délicatesses de tournures, des subtilités d'expression charmantes, pour dire les choses les plus scabreuses. Un étranger n'aurait rien compris tant les précautions du langage étaient observées. Mais la légère tranche de pudeur dont est bardée toute femme du monde ne recouvrant que la surface, elles s'épanouissaient dans cette aventure polissonne… »

La déconcertante histoire du jeûneur de Kafka (« Un artiste de la faim ») est rapportée par un narrateur qui prend le parti de considérer ce genre d'activité comme allant de soi : « L'intérêt que l'on porte aux jeûneurs professionnels a beaucoup baissé au cours des dernières décennies. » La position qu'il adopte ne manque pas de laisser le lecteur dans l'embarras, du fait qu'elle marque une constante distance, ainsi qu'une malignité qui l'incite à adopter tour à tour des points de vue antagoniques :

> « Il était certain, naturellement, que le temps des jeûnes reviendrait un jour, mais ce n'était pas une consolation pour les vivants. […] Un grand cirque, avec le nombre immense d'hommes, de bêtes et d'appareils qui ne cessent de se succéder et de se compléter, peut employer n'importe qui à tout moment, même un jeûneur professionnel, à condition, bien entendu, que ses prétentions soient modestes. »

Ces incidences ne sont pas propres à la nouvelle mais elles y exercent une influence déterminante et elles offrent au même auteur des possibilités de variations en nombre illimité. Le pathétique du « Verdict » diffère radicalement de l'humour noir d'« Un artiste de la faim ». Comme il advient souvent dans les recueils de Borges ou de Cortázar, la voix narratrice importe autant que le contenu de l'histoire. Comparable à la mélodie qui, dans l'oratorio ou l'opéra, s'associe aux paroles, elle confère au récit l'essentiel : sa tonalité, sa saveur.

3. Points stratégiques et parcours

Parmi les lieux stratégiques du récit bref (débuts et fins de paragraphes, de parties, de séquences), une importance particulière doit être accordée à des éléments dits « paratextuels » comme le titre (éventuellement affecté d'une épigraphe) et textuels, comme le début ou la fin. S'ils forment bien un tout avec le récit dont on ne les dissocie que par méthode, ils participent de façon spécifique aux techniques de mise en œuvre comme aux effets de réception. Alors que les premiers mots amorcent, que les derniers verrouillent, le titre représente « ce qui reste », une fois qu'on a tout oublié.

Le titre

Dans un musée on prend (généralement) connaissance du titre après avoir considéré le tableau : leur relation incite à une nouvelle perception de l'œuvre peinte. Au cinéma on ne connaît d'abord que le titre (éventuellement aussi des opinions, le sujet ou le genre du film, et plus souvent les acteurs qui interprètent les principaux rôles). Le titre d'un roman n'acquiert sa pleine signification qu'une fois terminée une lecture qui peut durer des semaines (*L'Éducation sentimentale*), voire des années (*À la recherche du temps perdu*).

La particularité du titre de nouvelle est de précéder une lecture qui le reprend en compte dès qu'elle est terminée. « Paratexte » lorsqu'il figure sur la couverture d'un recueil (*La Maison Tellier*), le titre est pleinement « textuel » du fait que sa signification ne cesse de se renouveler. C'est dans la dynamique d'une perception différenciée du titre (de la position initiale à la signification finale), que nous interrogerons quelques nouvelles. Celles qui composent *La Maison Tellier* se caractérisent par des intitulés pour la plupart immédiatement intelligibles :

La Maison Tellier
Les Tombales
Sur l'eau
En famille
Histoire d'une fille de ferme
Le Papa de Simon
Une partie de campagne
Au printemps
La Femme de Paul

Ils désignent des personnages, des lieux, parfois un programme narratif que suggère la durée (« Une partie de campagne ») ou qu'explicite la mention du genre littéraire (« Histoire d'une fille de ferme »). Une seule fois, avec « Les Tombales », le titre pose un problème d'interprétation, l'adjectif « tombal » (« qui appartient à la tombe ») n'étant pas ordinairement employé comme substantif en français (ajoutée dans l'édition de 1891, cette nouvelle ne figure pas dans l'originale qui a paru dix ans plus tôt). Dans leur ensemble, ils se réfèrent à la vie quotidienne, ils font la part belle à des types humains (« Le Papa de », « La Femme de », « Une fille de ferme »), ils délimitent un espace de fiction dont les composantes sont familières au lecteur d'hier comme d'aujourd'hui : institutions, activités, cadres de vie.

S'ils affichent de prime abord une certaine banalité, ces titres sont transformés par l'histoire en énoncés aux résonances amusantes, émouvantes, pathétiques, déconcertantes, dramatiques ou tragiques. Après la lecture de la nouvelle, chacun prend consistance (par la référence à des personnages, une aventure) et provoque une interprétation, change de valeur, se teintant, par exemple, d'ironie ou d'effroi. Dans son premier recueil, Maupassant se plaît à montrer ce que les apparences anodines recèlent de drame (« La Femme de Paul ») ou de paradoxe (« Le printemps »). Pour le lecteur ordinaire la lecture crée la surprise, tandis que pour les initiés elle suscite l'attente d'une révélation. Ils peuvent, les uns et les autres, considérer le titre avant (1), pendant (2) et après (3) leur lecture, pour en apprécier les changements de sens et de tonalité :

La Maison Tellier :
- une maison de commerce (1)
- une maison close (2)
- une maison parmi d'autres (3)

Sur l'eau :
- un lieu de promenade ou de pêche (1)
- un lieu inquiétant (2)
- le lieu de la mort (3)

Une partie de campagne :
- un moment de divertissement (1)
- un moment d'amour (2)
- la grisaille de la vie (3)

Au printemps :
- la belle saison (1)
- la saison des amours (2)
- le piège du désir (3)

La Femme de Paul : ↓ – une épouse, une compagne (1)
– une femme pervertie (2)
– une meurtrière inconsciente (3)

Simple syntagme de désignation au départ, le titre résume après coup une aventure, il expose une vision des choses ainsi qu'un commentaire. Maupassant affectionne (tout comme le fait de son côté Tchekhov) une lisibilité que ne dément pas le répertoire complet de ses « contes et nouvelles », tel qu'on peut le lire dans une table chronologique des matières (voir dans la « Bibliothèque de la Pléiade », l'édition de L. Forestier). On retrouve le même parti chez des nouvellistes contemporains qui s'efforcent de placer le lecteur de plain-pied avec l'histoire, en se contentant de suggérer une orientation préalable : « Le large », « Polaire », « Le compère », « La giroflée », « La femme de Nanar » (premiers titres qui figurent au sommaire du *chemin des caracoles* de D. Boulanger) ou encore « Madeleine », « Romillat disparaît », « L'autre chambre », « Fantaisie » (début du sommaire de *Romillats*, de J. Jouet).

J.L. Borges se situe aux antipodes de cette transparence, si on en juge par les intitulés de son premier recueil *Le Jardin aux sentiers qui bifurquent* (repris dans *Fictions*). Là encore le sommaire désigne des personnages, des lieux, il esquisse des programmes narratifs par la mention d'un genre (« Examen de... ») ou d'un itinéraire (le titre de la dernière nouvelle qui est aussi celui du recueil) :

Le jardin aux sentiers qui bifurquent

Prologue

Tlön Uqbar Orbis Tertius.
L'approche d'Almotasim.
Pierre Ménard, auteur du Quichotte.
Les ruines circulaires.
La loterie à Babylone.
La bibliothèque de Babel.
Examen de l'œuvre d'Herbert Quain.
Le jardin aux sentiers qui bifurquent.

Le lecteur s'interroge sur des noms de lieux, de personnes, sur l'association énigmatique de noms communs et de noms propres (« La loterie de Babylone », « L'approche d'Almotasim »). La plupart des titres le placent en situation d'échec ou de compréhension limitée, notoirement insuffisante, à laquelle doit remédier la découverte de l'histoire : Tlön est une planète habitée par des populations idéalistes dont une encyclopédie décrit la langue, les croyances. Pierre Ménard compose un texte qui reproduit mot pour mot, sans toutefois les recopier, des pages du *Don Quichotte* de Cervantes.

La lecture des nouvelles modifie, bouleverse ou élucide le sens des titres, en incitant à discerner les jeux de références. Elle provoque une activité d'interprétation qui ajoute au sens premier du titre un ou plusieurs sens seconds, différents, inattendus, plus profonds ou symboliques. Des nouvellistes aussi différents que Cortázar ou Le Clézio, parmi tant d'autres, se plaisent à jouer sur ces transformations :

Julio Cortázar - *Les Armes secrètes*

> « Les fils de la Vierge » : ce sont des fils d'araignée qu'on appelle également en espagnol – indique le narrateur –, « bave du diable ». La métaphore désigne les ruses de deux comparses qui tentent de circonvenir un adolescent, comme un insecte englue sa proie. Elle désigne également la fuite du jeune homme qui échappe à leur stratagème. Et encore les « fils » d'une texture narrative passablement captieuse…

J.-M.G. Le Clézio
La Ronde et autres faits divers

> « Ariane » : un lundi de Pâques, Christine erre dans l'espace vide d'une cité de H.L.M. Des motards la poursuivent puis la capturent au moment où elle se réfugie dans son immeuble. Ils la violent dans une cave. Le titre ne prend sens qu'à la fin de la nouvelle : Christine est la proie de brutes casquées qui la traquent dans le labyrinthe du sous-sol. La violence qu'elle subit ne donne lieu à d'autres commentaires que l'allusion par le nom propre, à la *Phèdre* de Racine : « Ariane, ma sœur, de quel amour blessée… »

L'épigraphe

L'épigraphe inscrit une citation qu'elle place en exergue entre le titre et le début d'un texte. Cette pratique, relativement récente, s'est développée au XIXe siècle et elle a connu des succès divers selon les époques, les modes. Nombre d'auteurs de nouvelles la refusent car elle manifeste une obédience culturelle qui nuit à la véracité du récit. On n'en trouve nulle trace, par exemple, dans *Les Soirées de Médan, La Maison Tellier* ou dans l'ensemble des contes de Maupassant, de Tchekhov ni, aujourd'hui, dans les nouvelles de J.D. Salinger, de D. Boulanger ou de Milan Kundera (*Risibles amours*, Gallimard, 1970), pour nous en ternir à ces quelques noms (les rares exceptions qu'on rencontre confirment la règle). Il s'agit donc d'une marque facultative qu'on pourrait ne pas mentionner, si elle ne produisant des effets dont la nouvelle tire à l'occasion un profit particulier.

Les écrivains qui se démarquent de l'esthétique vériste, usent de l'épigraphe comme d'un signal intertextuel : avec une fréquence variable qui va de la profusion chez Villiers de l'Isle-Adam (chacun des *Contes cruels* comporte la sienne, sauf « Le secret de l'ancienne musique », dont le dédicataire est « Monsieur Richard Wagner ») à la discrétion élitiste de M. Schwob qui cite Arbitri (*Cœur double*).

L'usage de l'épigraphe procède d'une tradition qui, d'E. Poe à J.L. Borges, efface toute frontière entre la nouvelle et le conte, c'est-à-dire entre le respect de la vraisemblance et les droits de la transfiguration. Cela dit, elle doit être évaluée au cas par cas, tant la greffe l'associe étroitement au texte du récit. Souvent énigmatique ou inintelligible pour le lecteur ordinaire qui se voit condamné à la négliger, l'épigraphe a parfois la valeur d'un clin d'œil. Après le titre « La chute de la maison Usher », Poe cite deux vers de Béranger, et, au début de « L'homme des foules », une phrase de La Bruyère : « Ce grand malheur de ne pouvoir être seul ! » Mieux encore : l'épigraphe de « Bérénice », où il parodie les excès du style frénétique, traduit en latin un certain Ibn Zaiat qui serait le pseudonyme de Mohamed ibn Almalih ibn Alzaïjat, lequel déclare en substance que son cœur sert de tombe à la concubine dont la mort le laisse inconsolable... De son côté, Villiers de l'Isle-Adam adopte une même position ambiguë en utilisant l'épigraphe à des fins tantôt mystiques et tantôt mystificatrices : « L'Annonciateur » qui sert d'épilogue aux *Contes cruels* cite en exergue une phrase de Schelomo transcrit de l'hébreu, et il faut se reporter à l'annotation du commentateur de l'édition Garnier, P.-G. Castex, pour en comprendre le sens : « Vanité des vanités », l'*Ecclésiaste*. Mais de toutes façons, selon la formule d'un critique (Michel

Charles, *L'Arbre et la Source*, Le Seuil, 1985, p. 185), « la fonction de l'exergue est largement de donner à penser, sans qu'on sache quoi ».

Le dénouement, la fin, la clausule

Concevant « L'Art du conte » en vue d'un effet à produire, E. Poe postule une interdépendance stricte entre les différentes parties. Les épisodes combinent des événements en vue d'un dessein que l'auteur prémédite : « Si la toute première phrase ne tend pas à amener cet effet, c'est qu'alors, dès le tout premier pas, il a fait un faux pas. » Cette conception pose le principe d'une composition perceptible de l'œuvre et elle a sans aucun doute influé jusqu'à nos jours sur l'histoire et l'esthétique de la nouvelle. Sans se soumettre lui-même à des thèses qui l'auraient contraint à l'exploitation monotone d'une formule, E. Poe s'est efforcé de rédiger des contes où le lecteur le moins attentif aux questions de métier perçoit aisément des similitudes entre les moments décisifs du récit, et notamment entre le titre, la première phrase et la dernière : l'exécution, au demeurant, a précédé la théorisation, puisque « L'Art du conte » (« *Tale-Writing* ») est une étude quasi testamentaire, qui a paru deux ans avant la mort de Poe, en 1847.

Plusieurs contes associent étroitement le titre à la première phrase et à la dernière, par la répétition du nom propre, ce qui place le « héros » (une personne, un lieu ou leur relation) en position éminente : une position centrale que rend tangible la répétition obsédante du même nom dans le cours du récit, et la place terminale que souligne la typographie (tirets, capitales, italiques) :

– *Titres*

1. « Morella » (1835)
2. « Ligeia » (1838)
3. « La chute de la maison Usher » (1839)

– *Premières phrases* (traduction de C. Baudelaire)

1. « Ce que j'éprouvais relativement à mon amie Morella… »
2. « Je ne puis pas me rappeler, sur mon âme, comment, quand, ni même où je fis pour la première fois connaissance avec Lady Ligeia. »

3. « Pendant toute une journée d'automne, journée fuligineuse, sombre et muette [...] j'avais traversé seul et à cheval une étendue de pays singulièrement lugubre et, enfin [...] je me trouvais en vue de la mélancolique maison Usher. »

– *Dernières phrases*

1. « Mais elle mourut, et, de mes propres mains je la portai à sa tombe, et je ris d'un amer et long rire, quand dans le caveau [...] je ne découvris aucune trace de la première – Morella. »
2. « Enfin, les voilà donc ! criai-je d'une voix retentissante [...]. Voilà bien les yeux adorablement fendus, les yeux noirs, les yeux étranges de mon amour perdu, de Lady – de LADY LIGEIA. »
3. « Il se fit un bruit prolongé [...], et l'étang profond et croupi placé à mes pieds se referma tristement et silencieusement sur les ruines de la *Maison Usher.* »

– ***Occurrences du nom propre***		– ***Nombre de pages*** (« Bouquins », R. Laffont)
1. « Morella » :	25	4 p. 1/2
2. « Ligeia » :	28	18 p. 1/2.
3. « La chute de la maison Usher » :	22	15 p. 1/2.

On peut lire de tels récits comme des exercices de style qui peuvent, à l'occasion, servir d'« objets de démonstration ». L'auteur ne se contente pas d'y répéter un nom propre : en celui-ci se cristallisent des composantes qui, chacune pour son propre compte, participent à l'élaboration de la phase terminale.

Il faut ainsi distinguer :

– Le dénouement de l'action

Il est d'usage qu'avec lui s'achève le récit, la mort du personnage marquant de la manière la plus frappante (mais aussi la plus conventionnelle) la fin de l'aventure (« Mateo Falcone », « Un jour rêvé pour le poisson-banane », « Le miracle secret » dans « Artifices », la seconde partie de *Fictions*, etc.). Mais à la technique du couperet et de la surprise, l'auteur peut préférer celle du point d'orgue qui prolonge le dénouement par un ou plusieurs développements.

– La fin

Elle désigne alors tout ce qui succède au dénouement : un passage, plus ou moins long, formant une sorte de « finale » au sens musical du mot. Dans « Les fils de la Vierge », un long paragraphe succède au « dénouement » où le narrateur comprend enfin le sens de la scène qu'il a photographiée plusieurs jours plus tôt. Dans les nouvelles « encadrées » un ou plusieurs personnages peuvent commenter ce qui vient de leur être raconté.

– La clausule

C'est la phrase ou le segment de phrase par lesquels se termine le récit : le « mot de la fin » – parfois lapidaire, injonctif... – qui a pour fonction de clore et d'ouvrir tout à la fois. D'imprimer le dernier mot, en provoquant une réaction du lecteur, en sollicitant sa réflexion ou sa rêverie.

La clausule souligne la « fin » en suggérant le retour à un état antérieur que l'événement rapporté a troublé. La vie reprend son cours ordinaire (« La Maison Tellier », « Les fils de la vierge »), à moins qu'une vision de l'existence soit à jamais modifiée (« Le reflet », « Les ruines circulaires »). Deux types de fins peuvent être distingués pour ce qui concerne le dénouement de l'action :

– *fermée*, la fin ne laisse attendre aucun revirement. La nouvelle se voue à l'irrémédiable, elle raconte des histoires qui, par définition, n'ont pas de suite. Que le personnage principal meure (Martine dans « La ronde »), ou non (Henriette dans « Une partie de campagne »), le lecteur ne s'interroge pas sur son sort qui est fixé une fois pour toutes.

– *Ouverte*, la fin laisse en suspens différentes possibilités de péripéties dont chacune résulte de ce qui vient d'être relaté. Par une ellipse de l'épisode terminal, la « fin » donnée à lire ne répond pas au désir du lecteur qui souhaite voir s'inscrire un point terminal sous forme heureuse ou funeste. Il est alors incité à combler cette lacune.

Alors que la fin « fermée » (plus traditionnelle) met l'accent sur la nécessaire finitude de toute aventure, la fin « ouverte » (plus « moderne ») rappelle l'inachèvement non moins avéré des choses.

De la « chute » à la relecture

La concertation d'un « effet » que prépare le récit tout entier, dès les premiers mots, et qui le termine, relève du tour de force. Le nouvelliste ne peut y recourir qu'avec modération, sous peine d'éventer la mèche et de se condamner à la virtuosité. Mais ce type de nouvelle mérite qu'on s'y attarde, du fait qu'il accomplit le genre dans son essence narrative, en établissant le lien le plus étroit entre les différents épisodes : s'y met en train, dès le début, un mécanisme dont le déroulement semble entraîner irrévocablement les péripéties jusqu'à leur terme. « Morella » illustre exemplairement cette conception :

E. Poe - « Morella »

> Le narrateur épouse une amie chère sans que des liens charnels l'unissent à elle. Morella le plonge dans des lectures inquiétantes et l'initie aux questions fondamentales de la philosophie, qui portent sur l'identité de l'être. Bientôt elle sent ses jours décliner et, au moment de mourir, elle annonce la naissance d'un enfant qui sera leur enfant. Il s'agit d'une fille qui, en grandissant, emprunte toujours davantage les traits de sa mère. Pendant des années le narrateur ne parvient à la nommer autrement que *mon enfant, mon amour*. Lorsqu'il se décide enfin à la mener sur les fonts baptismaux, il ne peut s'empêcher de prononcer le nom de Morella : parole fatidique à laquelle la jeune fille ne survit pas. Au moment de la déposer dans le caveau, le narrateur ne découvre « aucune trace de la première – Morella ».

Le narrateur de ce récit fascine tout autant que l'histoire qu'il relate car rien n'assure qu'il ne s'exprime pas sous le coup d'une exaltation ou de la démence. Les événements laissent dans le doute la nature de l'enfant à laquelle Morella donne naissance (les liens entre les époux semblent exclure la relation charnelle). Et il faut attendre l'ouverture du caveau pour que s'impose à la raison l'impossible palingénésie : tout se passant comme si la fille de Morella réincarnait sa propre mère.

En quoi consiste le principe de composition d'un tel récit ? D'une part à fondre dans les dernières lignes, et si possible dans la dernière phrase – voire les derniers mots – le *dénouement*, la *fin* et la *clausule*. D'autre part à repousser jusqu'à ce terme ultime l'épisode le plus dramatique (le *climax*, l'acmé), de sorte que le moment où l'histoire se termine, soit en même temps que celui de la crise aiguë, du paroxysme émotionnel. Cette conception exige une concertation minutieuse, du fait qu'y coïncident une convergence et une maximalisation des effets dramatiques, ainsi que des effets pathétiques (événements, atmosphère). Le coup de théâtre qu'elle aménage ne va pas sans dissimulation, ou du moins sans une certaine rétention des informations, en vue d'un dévoilement subit (fréquemment exprimé par « je compris », « il comprit ») qui oblige le lecteur à reconsidérer l'histoire sous un jour nouveau.

La virevolte terminale est le propre des nouvelles conçues à l'envers, en vue de leur « chute ». Nombre d'auteurs s'y exercent à des fins qui peuvent être aussi bien fantastiques qu'humoristiques car la technique de la rupture est aussi le propre des « histoires drôles ». Le récit débouche sur un dénouement qui fait prendre conscience au lecteur de sa crédulité. Alphonse Allais excelle à rédiger de tels récits piégés : « Les deux hydropathes », « Un drame bien parisien » ou encore : « Un cas peu banal, nous semble-t-il » (*La Logique mène à tout*, choix de cent cinquante contes par F. Caradec, P. Horay, 1976). André Breton a reproduit dans l'*Anthologie de l'humour noir* un classique du reversement, « L'auto le long du square », d'O. Henry : deux personnages, une jeune femme et un jeune homme, conversent dans un jardin public, en interprétant des rôles qui ne sont dévoilés qu'au dénouement. Celle qui se fait passer pour un riche parti convoité est employée dans un restaurant du voisinage et celui qui se fait passer pour le caissier du restaurant gagne son auto blanche pour se faire conduire au cercle par son chauffeur.

Mais une chose est d'utiliser un procédé de construction qui crée le coup de théâtre (J. Cabanis, « Fausses nouvelles », *Le Crime de Torey*, Gallimard, 1990), autre chose est de concevoir un dénouement qui délivre une « clef ». Non seulement celle-ci dévoile l'inattendu, mais elle révèle la signification du récit qu'on vient de lire, un récit à double entente, dont on n'avait eu qu'une perception partielle. Le dénouement suscite un questionnement auquel donne réponse une deuxième lecture : celle-ci sera faite, cette fois, en connaissance de cause, et elle permettra la pleine intelligence du texte.

J.L. Borges a fréquemment utilisé cette technique du renversement pour obliger son lecteur à des changements de point de vue qui traduisent l'instabilité des certitudes et le perpétuel renouvellement du sens. Dans « L'Évangile selon Marc » (*Le Rapport de Brodie*), c'est une « imitation de Notre-Seigneur Jésus-Christ » prise au pied de la lettre qui motive la révélation terminale.

J.L. Borges – « L'Évangile selon Marc »

> Baltasar Espinosa, un étudiant en médecine âgé de trente-trois ans, s'apprête à terminer tardivement ses études, quand son cousin Daniel l'invite pour l'été dans sa propriété de La Colorada. Daniel doit s'absenter quelques jours et Espinosa passe ses soirées avec le métayer, son fils et sa fille, les Gutre, qui sont des êtres taciturnes et frustres. Après une nuit d'orage le Saldo déborde. Espinosa, qui s'est laissé pousser la barbe, guérit une blessure de la jeune fille. Le soir il lit aux Gutre l'Évangile selon Marc dans une vieille Bible. Quand il a terminé, le père Gutre souhaite qu'il recommence. Puis il lui demande s'il est bien vrai que le Christ s'est laissé tuer pour sauver tous les hommes. Espinosa, bien que libre penseur, justifie le texte qu'il a lu.
> Voici le dernier paragraphe de la nouvelle :
> « Tous trois l'avaient suivi. À genoux sur le sol de pierre ils lui demandèrent sa bénédiction. Puis ils le maudirent, lui crachèrent au visage et le poussèrent jusqu'au fond de la cour. La jeune fille pleurait. Espinosa comprit ce qui l'attendait de l'autre côté de la porte. Quand ils l'ouvrirent, il aperçut le firmament. Un oiseau lança son cri ; il pensa : c'est un chardonneret. La remise à outils n'avait plus de toit ; ils avaient arraché les poutres pour en faire la croix. »

Notre résumé fait ressortir une référence à la personne du Christ, qui dans le texte de la nouvelle demeure discrète : le nom du héros (Espinosa, en espagnol, évoque *espina*, « épine »), son âge (trente-trois ans), la représentation traditionnelle de sa physionomie (sa barbe). La nouvelle est construite en vue d'un effet de surprise terminal. Car c'est seulement la dernière phrase et le dernier mot (« croix ») qui révèlent, à peu près simultanément, au personnage (« Espinosa comprit ») et au lecteur, le sacrifice auquel mène la ferveur religieuse des Gutre. Mais en même temps, l'ultime révélation qui associe la vie d'un étudiant athée argentin à celle du Christ de l'Évangile, produit un effet d'élucidation rétrospective. Arrivé au dernier paragraphe, le lecteur comprend qu'il n'a pas compris, ou qu'il n'a compris que très partiellement la nouvelle qu'il vient de lire. En même temps qu'elle produit la surprise, la fin oblige à une deuxième lecture qui sera faite cette fois en connaissance de cause.

Ce type particulier de nouvelle révèle l'un des effets spécifiques de la brièveté : elle incite à la relecture. L'ambition de l'auteur et le plaisir du lecteur s'accordent sur ce point. Ils savent que la nouvelle rend possible la découverte du même parcours par un nouveau trajet.

4. Récurrences

Raymond Queneau déplorait, non sans amusement, que n'importe quel romancier pouvait « pousser devant lui comme un troupeau d'oies un nombre indéterminé de personnages [...] à travers une lande longue d'un nombre indéterminé de pages ou de chapitres. Le résultat, quel qu'il soit, sera toujours un roman ». Refusant tout laisser-aller en matière de création, il insiste sur la maîtrise des procédures de composition, de répartition des chapitres (« Technique du roman », 1937, repris dans *Bâtons, chiffres et lettres*, « Folio-essais », Gallimard). Et il complète, treize ans plus tard, cette profession de foi en précisant qu'on peut « faire rimer des situations ou des personnages comme on peut faire rimer des mots, on peut même se contenter d'allitérations » (« Conversation avec Georges Ribemont-Dessaignes », *ibid.*). Ces deux rappels à l'ordre préfigurent moins une formalisation « oulipenne »[1] du roman, qu'ils ne sollicitent la reconnaissance de ce que G. Lanson appelait « les formes fixes de la prose ». Car, quels que soient les modes de composition (sur lesquels insiste R. Queneau en donnant l'exemple de ses propres œuvres), la mise en forme constitue l'œuvre : vérité première que les poétiques ne cessent de rappeler depuis les adeptes du nombre d'or ou les Grands rhétoriqueurs.

Il suffit cependant d'écouter les confidences de J. Cortázar qui se dit rédacteur instinctif de ses propres récits, pour se garder d'ériger en dogme une manière de faire parmi d'autres.

1. Animé notamment par R. Queneau, G. Perec ou J. Roubaud, l'OULIPO, « Ouvroir de Littérature Potentielle », se voue à la recherche de formes et de structures littéraires nouvelles (voir *Oulipo, la littérature potentielle*, Idées-Gallimard, 1973).

La nouvelle est concernée par les questions de procédures moins pour des raisons de genèse que de facture : la miniature fait en effet apparaître des relations que dissimulerait l'œuvre de vaste envergure.

Analysant une nouvelle de Maupassant, Antonia Fonyi s'est essayée à généraliser un modèle qu'elle a mis au jour à la suite de recherches empiriques. De la brièveté découle l'unité et des faits de structure (par exemple des répétitions à deux termes), qui lui semblent propres au genre :

> « Cette structure n'est, en fait, qu'un puissant moyen d'unité. C'est à cause d'elle qu'on a souvent dit que la nouvelle est une forme fermée. Proche de la symétrie, elle assure au récit un équilibre solide ; par conséquent, plus elle est proche de la symétrie, plus les lecteurs ont tendance à considérer la nouvelle comme classique.
>
> L'écrivain utilise cette structure à son insu, le lecteur la perçoit à son insu, c'est pourquoi elle est absente des préfaces et des traités de poétique. En tant que moyen d'unité, elle peut être aussi employée dans le roman, mais là ce sont des répétitions en série qui dominent, le principal objectif compositionnel étant la continuité. »
>
> « La nouvelle de Maupassant : le matériau de la psychose et l'armature du genre », *Maupassant, miroir de la nouvelle*, Presses Universitaires de Vincennes, p. 76, 1988.

Répétitions

Les marques de construction perceptibles de prime abord peuvent se trouver systématisées ou modulées tout au long du récit. Dans « Boule de suif », deux scènes similaires, situées au départ et à la fin de la nouvelle, présentent une symétrie ostensible.

Le premier jour du voyage, « à trois heures » de l'après-midi, alors que les passagers sont tous tenaillés par la faim, la prostituée partage avec eux ses victuailles. Lorsque le voyage peut reprendre de nouveau, après que Boule de suif s'est soumise aux exigences de l'officier prussien, « au bout de trois heures de route », tous ses compagnons tirent leurs provisions de dessous leur siège sans les partager avec elle. La répétition et l'inversion des rôles est explicitée par la mise en regard des deux épisodes : « Alors elle songeait à son grand panier tout plein de bonnes choses qu'ils avaient goulûment dévorées... »

Mais ces deux repas, qui ont lieu à l'intérieur de la diligence, sont eux-mêmes relayés par ceux qui se déroulent à l'auberge dans l'épisode intermédiaire de l'attente. C'est en effet au cours des différents repas (et notamment des dîners) que le groupe évolue de la solidarité indignée à un refroidissement notable qui sera suivi de pressions exercées sur Boule de suif pour qu'elle cède, au nom du bien commun : « on allait se mettre à table » ; « comme on allait se mettre à table » ; « aussitôt à table ». C'est enfin au moment de dîner que l'aubergiste annonce que Melle Rousset, indisposée, ne rejoindra pas ses compagnons « et qu'on pouvait se mettre à table ». Le comte fait alors signe aux convives, pour leur signifier que cette fois « ça y est ».

Les repas jouent ainsi un rôle signalétique dans le déroulement de l'action dont ils marquent l'unité structurale : les principales péripéties, les moments d'une transformation. Ils ont également valeur d'interprétation des comportements car ils sont révélateurs d'un monde où l'homme est un loup pour l'homme, uniquement soucieux de « dévorer » son prochain.

On rend difficilement compte de la construction d'« Axolotl » tant J. Cortázar, par le biais d'un narrateur bivalent, y brouille les cartes à plaisir (voir p. 95). La répétition obsédante du mot-titre avère la transformation fantastique. Fasciné par les larves, le narrateur fixe son regard sur leurs yeux : son reflet dans la vitre de l'aquarium l'absorbe, et il se voit alors de l'autre côté, hors de l'aquarium. La succession et l'association des deux champs lexicaux exploités intensivement est l'un des vecteurs de la transformation par incantation : d'autant que le signifiant axOlOtl (*ajOlOte*) comporte les deux O O qui simulent le regard hypnotique ! Exprimés page après page dans chaque développement, ces deux champs lexicaux structurent l'ensemble de la nouvelle, à force de redites et d'interférences :

– *axolotl* : une trentaine d'occurrences de ce substantif en neuf pages ;

– *leurs yeux, ces yeux, leurs yeux d'or, mes yeux, l'œil, paupière – leur regard – me regarder – je voyais*, etc. : une trentaine d'occurrences de termes relevant de ce champ lexical.

Les répétitions ponctuent un récit et en marquent l'unité d'une façon d'autant plus utile qu'il apparaît complexe, voire indécidable : litanie des « *il dit / elle dit* » dans « Le Navire Night » de M. Duras, narration d'une narration qui rapporte elle-même une aventure d'essence dialogique. Leitmotiv des *nuages* et des *pigeons* dans « Les fils de la Vierge » de J. Cortázar.

Dans cette dernière nouvelle, l'histoire demeure énigmatique jusqu'à son terme : que s'est-il passé au juste, entre l'adolescent, la femme qui le sollicite et l'automobiliste au chapeau gris, observateur de la scène ? Par ailleurs, le narrateur, Roberto Michel, traducteur professionnel et photographe amateur, est un être imaginatif – peut-être fabulateur – qui ne reconstitue les événements qu'en termes d'hypothèse. Les deux leitmotive parfois associés, parfois dissociés, articulent le moment passé au moment présent de la rédaction du récit (le narrateur le tape sur une machine Remington) par la référence au plein-air. De plus les leitmotive marquent le tempo de l'aventure (ils disparaissent aux moments forts, notamment celui de la captation du jeune homme et de sa fuite) et ils manifestent enfin (par la désignation d'objets instables : les « nuages », les « pigeons », mais aussi par leurs occurrences capricieuses) la perpétuelle mobilité du monde : et par conséquent, le caractère insaisissable de la « vérité » que le narrateur s'acharne à poursuivre.

Quatre tentatives de communication forment le refrain de « La douleur » de Tchekhov :

Tchekhov – « La douleur »

> En hiver, alors que la nuit tombe, Iona, un cocher, qui a quitté son dépôt à midi, attend toujours le client. Un militaire s'installe enfin sur le traîneau. Iona le mène à destination mais ne peut s'empêcher de lui faire part de son chagrin : quelques jours auparavant il a perdu son fils. Le client se désintéresse d'un deuil qui ne le concerne pas. Iona fait monter ensuite trois jeunes gens et il se confie à nouveau. Les clients le consolent à grand renfort de lieux communs. À neuf heures, toujours plus accablé, Iona décide de rentrer au dépôt. Une fois encore il se heurte à l'indifférence d'un interlocuteur : cette fois il s'agit d'un autre cocher. Si bien qu'il finit par s'adresser à son cheval qui mâche de l'avoine en soufflant sur la main de son maître.
>
> *Le Violon de Rotschild.*

Pour être commune à chaque homme, la souffrance de Iona ne semble pouvoir être partagée. La répétition de la même relation dramatise sa solitude.

Variations

En musique, le dessin mélodique fait l'objet de variations qui forment la substance de la composition. Pour peu qu'on lui donne, en chaque cas d'espèce, une définition précise, l'observation du thème permet d'en discerner les modulations dans le déroulement du récit.

La répétition peut porter sur des éléments différents : isotopie lexicale, syntaxique, rhétorique… Chaque fois elle contribue à attirer l'attention, à hiérarchiser l'information, à suggérer une interprétation. L'orchestration des motifs récurrents, leurs variations, orientent la lecture, elles ébauchent un cheminement du sens, sans avoir à l'expliciter.

Nous prendrons pour exemples des moments descriptifs. Leur importance peut sembler paradoxale dans l'économie d'un récit où l'essentiel de l'intérêt est censé se porter sur les événements. Mais leurs variations participent pleinement à l'action qu'elles contribuent à rendre intelligible.

La famille Dufour (Maupassant : « Une partie de campagne ») quitte Paris pour passer une journée sur les bords de la Seine. Le fleuve délimite une frontière qui sépare deux univers antithétiques : celui, dysphorique, de la ville (sol stérile, champs putrides, terres ravagées par la lèpre, avec des squelettes de bâtiments), et celui, euphorique, du retour à la nature. Dès que la Seine est franchie, prédominent le soleil et la lumière, un air pur bienfaisant. À partir de cette première indication, la campagne est caractérisée, à plusieurs reprises, par des indications de lumière qui connotent la pureté. Ces variations unifient action et descriptions, elles signalent aussi les différentes phases d'une « aventure » qu'elles transfigurent en expérience : car la campagne est le lieu d'une évasion qui sera pour Henriette l'aventure de sa vie.

Le thème de la lumière s'imprègne d'implications renouvelées. Aux informations atmosphériques (soleil, chaleur, pureté de l'air) s'en ajoutent bientôt d'autres, essentiellement passionnelles, et notamment celle de l'ardeur amoureuse. Se succèdent et se mêlent la célébration d'une Nature pure et celle d'une Nature infuse de sensualité :

> « Une ivresse envahissait l'oiseau, et sa voix, s'accélérant peu à peu comme un incendie qui s'allume ou une passion qui

grandit, semblait accompagner sous l'arbre un crépitement de baisers. Puis le délire de son gosier se déchaînait éperdument. Il avait des pâmoisons prolongées sur un trait, de grands spasmes mélodieux. »

Ces variations descriptives contrecarrent les déclarations « pessimistes » (exposées à la fin du récit) sur l'antagonisme entre les sexes. Car l'évocation d'une Nature où règnent fécondité et pureté, sacralise l'expérience charnelle des personnages.

Les variations descriptives de J.-L. Trassard dans « Taurides » (*Paroles de laine*) tracent semblablement des entrelacs qui sanctifient des amours situées hors des normes. La nouvelle rapporte les relations privilégiées d'une jeune paysanne, Julienne, et de Donjon, le taureau sur lequel elle exerce son autorité, notamment pour le conduire auprès de génisses qu'il féconde. Le décor bucolique est posé dès l'ouverture, régulièrement rappelé, et il termine la nouvelle. Il n'empêche pas la référence (précise quoique filigranée) aux amours monstrueuses qui, dans la mythologie grecque, unissent les humains (ou les dieux déguisés en hommes) aux bovins : Pasiphaé, Europe...

Le motif initial pose la relation entre fécondité et blancheur par une description des arbres en fleurs. Les différentes variations qui sont développées dans le cours du récit, ne cessent de réaffirmer la pureté des forces génésiques. Au même titre que les abeilles qui fécondent les plantes ou que les pétales dont la tombée présage la naissance des fruits, Julienne et Donjon apparaissent, à la fin de « Taurides », comme deux des innombrables officiants d'un sacre du printemps. Voici le deuxième paragraphe :

> « Tous les poiriers en fleur répandaient dans le vent leur parfum, leurs pétales et blanchissaient le sol sous eux. Les cimes des merisiers arrondies en nuages blancs qui roulaient sur les pentes marquaient la lisière des bois. Près des fermes les cerisiers fleurissaient au-dessus des flottilles de draps étendus au soleil. »

Après différentes variations sur le thème de la fécondité et du renouveau, la dissémination des floraisons clôture le récit :

> « Les arbres fruitiers perdaient leurs pétales mais le long des chemins les aubépines étaient fleuries. Les grandes marguerites allaient couvrir de leur étoilement innombrable les prés conservés pour le foin et dans le jardin de chaque ferme les fleurs de l'arbre à boules de neige, parfaitement rondes déjà, sortaient de leur teinte verte pour entrer dans une éclatante blancheur. »

Schèmes

L'organisation de la nouvelle est marquée par toutes sortes de relations qu'on a comparées à des « figures » géométriques. Étudiant les nouvelles de Marguerite de Navarre, Gisèle Mathieu-Castellani en analyse les « procédés de construction » comme autant de formes-sens dont la fonction est à la fois esthétique et signifiante :

> « Le schéma de base se réduit souvent à une figure de rhétorique, dont le récit est en quelque sorte l'expansion métaphorique : une contradiction, un paradoxe, une antithèse, une interrogation, etc. Deux figures diégétiques sont privilégiées dans *L'Heptaméron* : la répétition et l'inversion. Comme les autres, elles signalent un écart par rapport à l'ordinaire du monde quotidien, et affectent les situations et les actions, les personnages (ce qu'ils font, puisqu'ils sont ce qu'ils font), le décor (espace, lieux, objets), l'idéologie (l'ensemble des « valeurs » reconnues par une micro-société). »
>
> G. Mathieu-Castellani, *La Conversation conteuse. Les nouvelles de Marguerite de Navarre,* PUF, « Écrivains », 1992, p. 29

La répétition fait « rimer » (dirait R. Queneau) divers éléments du récit. L'inversion peut emprunter des formes diverses : renversement de situation, quiproquo, permutation portant sur l'identité, la qualité, etc.

On se gardera cependant de généraliser à outrance ce qui ressortit à la manière d'un auteur, ainsi qu'à une conception datée, profondément marquée par le succès du *Décaméron* de Boccace. D'autant que le nouvelliste, jouant avec son lecteur, cherche aussi à déjouer ses attentes. Il n'en demeure pas moins que comme toute forme simple, la nouvelle rend aisément perceptible son organisation. Ces schèmes générateurs ne sont pas seulement des « figures » de composition : rhétoriques, géométriques, ils sont aussi les symptômes d'une logique d'ensemble.

Une construction galvaudée comme celle où la fin renvoie explicitement au début (figure circulaire ou linéaire du récit « bouclé ») produit des effets qui peuvent signifier aussi bien la régénérescence que la redite :

– **éternel retour** dans « Taurides » : l'aventure de Julienne se déroule hors du temps historique comme l'avatar d'un scénario mythique (J.-L. Trassard, *Paroles de laine*) ;

– **circularité pervertie**, en anneau de Mœbius, dans l'itinéraire qu'emprunte le lecteur de « Continuité des parcs » (Cortázar, *Les Armes secrètes*) ;

– **suspension du déroulement événementiel** pour l'écrivain qui, en dépit d'une mise à mort imminente, réécrit mentalement un drame en vers (J.L. Borges, « Le miracle secret », *Fictions*).

La relative stabilité de telles figures convient sans aucun doute au lecteur qui, d'une histoire à l'autre, retrouve des repères fixes. Outre que leur signification varie à l'infini, leur efficience diffère selon qu'elles visent à l'édification, au jeu, ou à la délectation.

5. Résonances

À la fin du « Dessous des cartes d'une partie de whist » (Barbey d'Aurevilly, *Les Diaboliques*), le conteur révèle l'envers des apparences. La comtesse du Tremblay de Stasseville et M. de Karkoël, qui passaient, dans un milieu de haute aristocratie, de longues soirées à jouer passionnément aux cartes, partageaient également, à l'insu de tous, une liaison passionnée. L'effet produit par la révélation est fortement signalé par le narrateur :

> « L'émotion prolongeait le silence. Chacun resta dans sa pensée et complétait, avec le genre d'imagination qu'il avait, ce roman authentique dont on n'avait à juger que quelques détails dépareillés. »

Barbey d'Aurevilly, *Les Diaboliques,* Classiques Garnier, Bordas, p. 220.

De la même manière, à la fin du « Plus Bel Amour de Don Juan », on apprend la mort de la femme qui, toute jeune fille, se croyait enceinte pour s'être assise sur le siège de l'homme qui la fascinait. Le mot de la fin revient à l'une des auditrices :

> « — Sans cela ! ... fit la duchesse, songeuse. »

Barbey d'Aurevilly, *op. cit.,* p. 102.

Demeurer « songeur », prolonger le récit par le « silence » : de telles formules manifestent le désir de l'auteur d'outrepasser les limites de l'événement raconté, de faire en sorte que le lecteur l'interroge, rêve à son sujet, en exprime le sens, amplifie sa portée. On peut appeler *résonances* les sollicitations de ce genre, les échos par lesquels une information, un effet, se prolongent en suggestions. Délimitée dans le temps de lecture, la nouvelle conjure les contraintes de la brièveté par des ouvertures sur l'au-delà du récit. L'art de raconter se double d'une volonté de demeurer dans l'implicite, de faire comprendre plus qu'on ne dit.

Indices, réseaux

Dans l'espace du récit bref, chaque terme peut trouver sa résonance, du fait que le lecteur est en mesure de percevoir à la fois le détail et la totalité. Face au récit-tableau, il charge de sens les éléments qui retiennent son attention, il établit des relations signifiantes. Il ne s'agit pas, au demeurant, d'un sens donné par le récit, qu'il suffirait de déchiffrer, mais d'une construction : le lecteur exploite divers indices épars, en vue d'une interprétation d'ensemble. Forme close, la nouvelle apparaît aussi comme un texte saturé. En voici un exemple :

– **Les indices du grotesque** : « Une partie de campagne »

Dès la première phrase, le narrateur indique que l'escapade des petits commerçants a lieu le jour de la fête de Mme Dufour « qui s'appelait Pétronille ». La dénomination fait sens par le clin d'œil qu'elle introduit de prime abord. Elle importe évidemment moins pour la chronologie (cette fête a lieu le 31 mai) que pour la connotation dont elle affecte le personnage. La sainte du même nom était une jeune fille pudique qui, ayant fait vœu de virginité, sacrifia sa vie le jour où un prétendant la demanda en mariage : on sait que Mme Dufour ne correspond qu'*a contrario* à son modèle patronymique. Dans la logique de cet indice, les membres de la famille Dufour sont tous placés sous le signe du grotesque. La grand-mère est prise de tendresse pour un chat qui, la queue dressée, se frotte contre les arbres avec un ronron de plaisir ; les chemises de M. Dufour et de son employé, le garçon aux cheveux jaunes, menacent d'« évacuer leurs pantalons » ; Mme Dufour, qui s'est éboulée sur l'herbe, se trémousse continuellement sous prétexte que des fourmis lui sont « entrées quelque part » ; Henriette est attendrie par le chant du rossignol, « cet éternel inspirateur de toutes les romances langoureuses ».

– Les indices de la célébration

La représentation satirique abonde ainsi en sous-entendus égrillards (le premier lieu nommé, une fois franchie la Seine, est « Bezons »). Lui fait écho l'essaimage d'indices qui transposent l'anecdote triviale, parfois licencieuse, en une célébration païenne. Car la nouvelle oppose à divers couples déchus (M. et Mme Dufour, Henriette et celui qui deviendra son mari) la relation amoureuse que magnifie la joie sensuelle (Henriette et Henri). La litanie du même chiffre, répété de manière obsédante le long du récit, manifeste la puissance d'une Nature où tout se compte par *deux* : deux roues, deux ouvriers, deux branches de fer, deux brancards, deux litres, les deux montants, deux jeunes gens, tous deux, deux mois plus tard, etc.

Les indices signifient moins qu'ils ne sollicitent l'interprétation. La nouvelle rend perceptibles répétitions, oppositions, translations, parallélismes, que le lecteur constitue en réseaux et investit de sens. Dans « La Maison Tellier » l'isotopie du regard peut être comprise comme l'expression d'un relativisme qui « définit » les filles publiques en fonction de celui qui les considère : personnes de « la belle société » puis « traînées » pour les deux paysans qui voyagent avec elles dans le train ; « belles dames de la ville » pour les villageois de Virville (une petite vieille, presque aveugle, se signe sur leur passage) ; ou encore « brebis d'élite » pour le curé qui officie à l'église. Le récit bref met en évidence tout élément, il invite à saisir l'aventure dans l'inscription de sa lettre, sa littérarité.

Si le héros de « Continuité des parcs » de Cortázar s'installe dans un fauteuil de « velours vert », on a compris que cet indice commente le titre de la nouvelle et trace un trait d'union entre les chênes sur lesquels donne la fenêtre de son bureau, et la broussaille qui entoure la cabane où se rencontre le couple adultère du roman qu'il est en train de lire.

Allusions, références

L'allusion consiste à « faire sentir le rapport d'une chose qu'on dit avec une autre qu'on ne dit pas, et dont ce rapport même réveille l'idée » (Fontanier, *Les Figures du discours*, Flammarion, 1968). Elle provoque un jeu de références, elle prolonge le récit en résonances qui l'amplifient ou le complexifient, et qui relèvent d'une esthétique de la suggestion.

On a déjà vu comment le titre ou l'épigraphe révèlent des significations secondes. « Ariane » de J.M.G. Le Clézio a valeur d'épigraphe muette pour celui qui perçoit l'allusion et qui l'interprète. La référence commente sur le mode pathétique la violence qu'a subie la jeune fille. « Taurides » de J.-L. Trassard invite à une lecture à la fois mythologique et poétique de l'aventure d'une petite paysanne de la campagne française. Construit comme le titre d'une épopée antique (cf. *L'Énéide*), il évoque un taureau de légende, tout en occultant la visée cosmique de la nouvelle : car les « taurides » sont également des étoiles filantes qui semblent surgir de la constellation du Taureau.

Par le titre s'explicitent, à l'occasion, des références qui situent l'aventure dans le registre intertextuel d'une tradition littéraire : si la nouvelle « populaire » évite ce genre de relation savante, la nouvelle littéraire y recourt volontiers. Buzzati titre l'un de ses récits « Petite Circé » (*Le K*) et J. Cortázar « Circé » (*Les Armes secrètes*). Le premier est une fable moderne : un ami du narrateur, Umberto, un intellectuel au visage de boxeur, tombe sous la coupe de Lunella, une jeune femme séduisante. Ayant perdu de vue son ami, le narrateur rend visite à la jeune femme et croit le reconnaître sous les traits d'un boxer, humble et soumis, sur lequel Lunella exerce son pouvoir : « Pauvre Umberto… ». Le second de ces récits est pris en charge par un narrateur qui rapporte la fascination funeste que Délia exerce sur tous ses soupirants. Bruno, le dernier d'entre eux, n'échappe que de justesse à ses maléfices. Alors que Buzzati joue avec la référence culturelle, Cortázar l'actualise sur le mode fantastique, et ne manque pas de prendre au jeu son lecteur, par toutes sortes d'artifices narratifs. Mais dans les deux cas la figure de la magicienne qui, dans *L'Odyssée*, transforme en bêtes les compagnons d'Ulysse, enrichit le récit d'un arrière-plan prestigieux.

Quand la nouvelle reformule un autre récit que tout lecteur averti est en mesure de connaître, la résonance s'exerce en profondeur, d'un texte à l'autre, dans les strates de l'histoire. « Le rapport de Brodie », la dernière nouvelle qui donne son titre au recueil de J.L. Borges, s'inspire manifestement, comme l'indique l'auteur dans sa Préface, du « dernier voyage entrepris par Lemuel Gulliver ». Le « rapport » se présente sous la forme d'un manuscrit que le narrateur découvre dans un exemplaire des *Mille et une Nuits*. Il est dû à un missionnaire presbytérien, David Brodie, qui décrit les Yahous, leurs rites, leurs croyances. Comme les Yahoos de Swift (cf. *Les Voyages de Gulliver*, quatrième partie, chapitre 8), les créatures qu'observe Brodie sont des êtres dégradés, au front bas, des anthropophages à la sexualité animale. Mais il apparaît qu'ils ont (comme les humains) des institutions, un roi, qu'ils croient à l'immortalité de l'âme (ils vouent un culte au dieu Fumier). Il semble qu'ils représentent les vestiges d'une civilisation disparue, ce dont le lecteur peut déduire qu'ils sont devenus ce que lui-même et ses contemporains deviendront eux-mêmes un jour.

« Le rapport de Brodie » représente le cas limite du récit palimpseste, écrit au second degré. Mais, d'une manière générale, la nouvelle exploite les références culturelles selon des procédures variées : titres, épigraphes, citations explicites ou implicites (J. Jouet, « L'autre chambre » et Baudelaire, « La Chambre double », voir ci-dessus, p. 195). E. Poe se plaît à multiplier les mentions d'ouvrages littéraires et philosophiques (Platon, Fichte, Locke, Schelling, au début de « Morella ») ou à citer longuement des poèmes qui interrompent le déroulement du récit (dans « Ligeia », « La chute de la maison Usher »). Par ces relations intertextuelles, le récit se transforme en une chambre d'échos qui éveillent toutes sortes de correspondances. Ce que la nouvelle perd en longueur, elle le gagne alors en « profondeur ».

Implicites, ellipses

« Le Dessous des cartes d'une partie de whist » de Barbey d'Aurevilly, est une longue nouvelle d'une cinquantaine de pages. Le conteur y dévoile la liaison cachée qu'entretiennent deux joueurs (voir p. 149). Or, ce « dessous des cartes » demeure simplement évoqué, puisqu'on ne connaît rien de la passion qui unit les amants.

> « À moitié montré il fait plus d'impression que si l'on avait retourné toutes les cartes et qu'on eût vu tout ce qu'il y avait dans le jeu »

commente une auditrice (*op. cit.*, p. 220). Autrement dit, l'essentiel de l'aventure – « le fantastique de la réalité », selon les termes d'un autre auditeur – demeure, à la fin du récit, irrémédiablement enfoui. À chaque lecteur d'imaginer les motivations des amants, de rêver sur les circonstances de leur passion secrète, de considérer également qu'autour de lui des relations passionnelles se nouent, qui demeurent aussi secrètes que celles de la comtesse de Stasseville et de M. de Karkoël.

L'implicite apparaît comme l'envers nécessaire du récit bref. Ceci pour des raisons d'économie, propres aux diverses formes de récit, puisqu'on ne peut jamais « tout » raconter. Mais surtout pour une autre raison, celle-là spécifique, d'efficacité : l'aventure se prolonge dans l'esprit du lecteur d'autant plus que n'en sont pas exposées toutes les composantes. Le mystère des êtres et des choses est en quelque sorte produit par le parti de ne pas tout dire, de laisser au lecteur une part essentielle de spéculation ou de rêverie. La nouvelle est un récit qui aménage des silences, des zones d'ombres, qui laisse en suspens des interrogations. Voici quelques exemples de questions que déclenche l'absence d'explicitation :

– F. Kafka, « Le verdict » : pourquoi Georges cache-t-il à son correspondant son prochain mariage ? Et pourquoi renonce-t-il à ce projet qui semble le remplir de joie ? Sur quoi se fondent les reproches dont l'accable son père, et comment expliquer l'effet qu'ils produisent sur lui ?

– J.-L. Trassard, « Taurides » : quels liens unissent Julienne et le taureau Donjon ? Et que se passe-t-il le jour où l'animal s'échappe, alors que le prétendant de La Gannerie lui amène une génisse ? (« Julienne seule aurait su dire… »).

Si l'implicite laisse au lecteur le soin d'interpréter les comportements, les événements, à partir d'un certain nombre d'informations exprimées, l'ellipse l'oblige à suppléer aux carences du récit. Tout en mentionnant un épisode, le narrateur invite le lecteur à l'imaginer, à le composer par hypothèse : manière d'aménager un certain flou, une indétermination suggestive.

« Une partie de campagne » pouvait se terminer au moment où les deux canotiers font leurs adieux à la famille Dufour. Mais l'aventure d'un après-midi est prolongée par un bref finale qui comporte trois ellipses :

– La *première* porte sur les deux mois qui suivent l'aventure : Henri passe à la quincaillerie et apprend qu'Henriette a épousé l'employé de son père, le garçon aux cheveux jaunes.

– La *seconde* porte sur une année : se rendant un dimanche dans le bois où Henriette s'est donnée à lui, Henri a la surprise de la rencontrer, flanquée de son mari qui dort.

– La *troisième* fait suite à la clausule : le mari se réveille et s'adresse à Henriette avec le même terme dont usait M. Dufour lorsqu'il s'adressait à sa femme : « Allons, ma bonne… ».

De manière aussi économique que laconique, l'auteur invite le lecteur à suppléer à ce qu'il ne juge pas utile d'exprimer. Mais la dynamique temporelle des premières ellipses (deux mois, un an) ouvre l'avenir sur une existence toute entière, qu'indique la troisième : la vie d'Henriette – *Une Vie*, pour reprendre le titre d'un roman (moins réussi que la nouvelle) qu'écrit Maupassant deux ans plus tard, en 1883.

F. O'Connor donne, dans « Braves gens de la campagne », un exemple remarquable d'exploitation dramatique et pathétique de l'ellipse. On se souvient que Joy Hopewell, âgée de trente-deux ans et docteur en philosophie, porte une jambe artificielle (voir plus haut, p. 109-110). Bien qu'elle ne supporte pas son prénom et qu'elle exige de se faire appeler Hulga, elle désire ardemment être aimée telle qu'elle est.

F. O'Connor – « Braves gens de la campagne »

> Un jeune vendeur de Bibles se présente chez Mrs Hopewell et sa fille. Il est âgé de dix-sept ans, a connu une enfance difficile et parle de l'existence avec une naïveté qui touche les deux femmes. Parvenant à obtenir de Joy un rendez-vous, il l'entraîne à l'étage d'une grange voisine, la séduit, lui extorque, en dépit de sa résistance, des paroles d'amour et l'explication de l'agencement de sa prothèse. Il lui demande alors de la retirer : résolue à se livrer totalement à cet être dont la simplicité lui paraît lumineuse, Joy consent à ce sacrifice. Le jeune homme s'empare alors de la jambe artificielle, l'enferme dans la valise qui lui sert à transporter ses Bibles, et abandonne la jeune femme à l'étage de la grange. La nouvelle se termine sur une brève scène au cours de laquelle Mrs Hopewell converse avec une voisine. Comme elle aperçoit le vendeur de Bibles se diriger vers la grand-route, elle dit sa satisfaction de constater qu'il existe encore, en ce monde, des braves gens au cœur simple.

Avec une habileté quelque peu diabolique, l'auteur délaisse son héroïne en même temps que le fait le jeune homme qui a su abuser de sa fragilité. La trappe de la grange, par laquelle il s'échappe, figure à merveille la béance du récit. Abandonnant Joy dans la solitude de la désillusion et de l'humiliation, l'auteur laisse à son lecteur le soin de prendre en charge ce qu'elle ressent et ce qui peut lui arriver. Catalyseur d'émotion, l'ellipse enrichit le récit d'échos indistincts et de virtualités.

Symboles, énigmes

Dans le prologue des *Nouvelles exemplaires* (traduit de l'espagnol par J. Cassou, « Folio »), Cervantes s'adresse à son lecteur pour lui expliquer le titre de son recueil :

> « Si tu y regardes bien, il n'en est aucune dont on ne puisse tirer quelque profitable exemple ; et si ne ne craignais d'allonger mon discours, je te montrerais le fruit honnête et savoureux que l'on pourrait tirer de toutes ensemble, comme de chacune en particulier. »

La nouvelle peut épouser, aujourd'hui encore, le propos des contes à moralité : ainsi se présentent la plupart des récits qui composent *Le K* de Buzzati. Elle peut encore prendre la forme d'une parabole dont le sens est tantôt explicite (« Prenez garde à l'amour », s'écrie le deuxième narrateur d'« Au printemps ») et tantôt implicite.

À propos d'une nouvelle de *Fictions* (« Le Sud »), J.L. Borges porte un commentaire qu'on pourrait appliquer à l'ensemble de ses récits, voire au genre tout entier : « il me suffira de prévenir qu'il est possible de le lire comme un récit direct de faits romanesques, *et aussi autrement* » (c'est nous qui soulignons).

La nouvelle sollicite l'interprétation. Elle vise, traditionnellement, à une généralisation. On se souvient du « Chèvrefeuille » de Marie de France (où le coudrier est l'objet symbolique), de « La jeune fille qui tombe... tombe... » de Buzzati (conçue comme un récit parabole). Mais la lisibilité du sens figuré en atténue la fécondité. Dans sa mouture moderniste, la nouvelle confirme sa vocation, tout en bloquant, autant que faire se peut, l'interprétation. F. Kafka apparaît à ce titre comme l'inventeur d'un type de récit qui, au XXe siècle, n'a cessé d'essaimer : la nouvelle énigmatique.

La plupart des récits qui composent deux des recueils qu'il a publiés de son vivant (*Un Médecin de campagne* et *Un Artiste de la faim*), provoquent la résonance par l'opacité du sens allégorique. Ou bien il résiste à l'interprétation ou bien il en autorise toutes les sortes : par son hermétisme ou sa polysémie, il s'ouvre sur un au-delà de ce qui est exprimé en clair.

C'est ainsi qu'Odradek (« Le souci du père de famille », voir plus haut p. 103), est un être « vide de sens, mais se suffisant à lui-même » : cette manière de le qualifier importe moins que l'interprétation qu'elle peut susciter. Mieux encore, toute interprétation précise ne manque pas d'appauvrir en le figeant une fois pour toutes, un récit élaboré, à l'image du personnage, en vue d'une instabilité signifiante : « Odradek est extraordinairement mobile et il est impossible de l'attraper. »

Dans la mesure où elle ressortit à la satire et au conte philosophique, la « Communication à une Académie » semble d'un abord plus aisé. Il n'empêche que l'exposé de ce cas exemplaire d'humanisation d'un Singe, laisse la porte ouverte à des lectures variées. À la manière d'André Gide demandant à propos de *Paludes* : « Une satire de quoi ? », on peut en effet se poser la question : « Une allégorie de quoi ? »

La Communication rend-elle compte de la maturation de l'enfant qui devient adulte ? Du passage de la singularité individuelle à l'identité sociale ? De l'évolution darwinienne de l'animal en être humain ? De la transformation de l'état de nature en état de culture ? De la domestication du colonisé ? De l'expression figurée de toute marginalité : l'étranger, le juif, l'homosexuel, l'artiste ? Autant d'interprétations que le témoignage du Singe devenu Homme (pour le meilleur ou pour le pire) rend parfaitement plausibles.

Bien entendu, le mystère des êtres avait déjà donné matière à maints récits mémorables. « Bartleby, l'écrivain. Une histoire de Wall Street » de Herman Melville (*Benito Cereno*, « L'Imaginaire », Gallimard) rapporte le comportement étrange d'un copiste, employé dans une étude d'avoué, qui se dérobe aux injonctions de son employeur en lui répondant chaque fois : « Je préférerais ne pas le faire. » La nouvelle met en récit l'énigme des comportements humains : celui du copiste « écrivain », mais aussi celui de son employeur qui se fait le complice de la résistance passive qu'il relate et à laquelle il assiste jusqu'à son terme tragique : « Bartleby et moi étions tous deux fils d'Adam. »

Le récit moderne n'a cessé de mettre l'accent sur la nature ambiguë de l'histoire racontée, qui est toujours tributaire d'une perception subjective. En cette « ère du soupçon », il ne prétend plus représenter ou raconter de manière transparente. Il relève de l'indécidable, et le mot de la fin porte moins sur la question du référent que sur celle de sa relation. C'est ce que met en évidence une nouvelle célèbre de William Faulkner qui convertit l'énigme de l'histoire en énigme de la narration :

W. Faulkner – « Une Rose pour Emily »

> Après la mort d'Emily Grierson, une vieille dame aux cheveux gris-fer, issue d'une famille respectée du sud des États-Unis, on découvre dans sa chambre à coucher, au premier étage de sa maison, le cadavre momifié de l'homme qu'elle a épousé (et sans doute aussi empoisonné) quarante ans plus tôt. Et on aperçoit sur l'empreinte du deuxième oreiller « un cheveu, un long cheveu, un cheveu couleur gris-fer ».
>
> Traduit de l'anglais par M.E. Coindreau, *Treize histoires,* Gallimard, 1939.

Composée de cinq brèves séquences, la nouvelle brouille les pistes à plaisir, en entremêlant les époques, en procédant tant par allusions que par omissions. Arrivé à la fin, le lecteur doit reconstituer la chronologie des faits, mais aussi émettre un certain nombre d'hypothèses (Emily a-t-elle effectivement épousé le Yankee qu'elle fréquentait, l'a-t-elle empoisonné, et pour quelle raison ?). Mais il doit surtout considérer la stratégie et les stratagèmes mis en œuvre. De manière démonstrative, cette nouvelle exemplifie la nature de tout récit :

> « *A rose for Emily* [...] appelle la lecture répétée, mais aussi dédoublée, qui est nécessaire pour cumuler les impressions de la première lecture naïve et les révélations surgies à la seconde lecture [...]. Cette écriture réflexive appelle donc une lecture réflexive qui, à la différence de la relecture d'une intrigue policière dont on connaît la solution, fait découvrir non seulement un ensemble d'indices trompeurs mais la *self deception* à laquelle s'est abandonnée le lecteur confiant. »
>
> P. Bourdieu, « Une théorie en acte de la lecture », *Les Règles de l'art, Genèse et structure du champ littéraire,* éditions de Minuit, 1992, p. 444-447

Si tout écrit se prête à une telle réflexivité, la nouvelle offre l'avantage de proposer à la lecture rétroactive ou tout simplement active, un espace accessible parce que limité. Comme le fragment ou le poème, elle sollicite d'autres parcours, non de répétition mais d'exploration et de re-découverte.

LECTURES CONSEILLÉES

1. Composition

EISENSTEIN S.M.,
Le Film : sa forme, son sens, Bourgois, 1976 (cf. troisième partie, chapitre 2, « Montage 1938 »).

MATHIEU-CASTELLANI G.,
La Conversation conteuse. Les Nouvelles de Marguerite de Navarre, « Écrivains », PUF, 1992.

2. Énonciations

CAMERO-PEREZ C.,
« La survivance du cadre dans la nouvelle moderne », *Littératures*, n° 22, 1992.

GENETTE G.,
Figures, III, *op. cit.*, ch. 5, « Voix ».

GLOWINSKI M.,
« Sur le roman à la première personne », *Esthétique et poétique*, « Points-Essais », Le Seuil, 1992.

3. Points stratégiques et parcours

BOUFFARD J.-C.,
« La mort, le point final, l'infini dans *Fictions* et *Artifices* », dans *Le Point final*, Actes du colloque de Clermont-Ferrand, 1984.

BRULOTTE G.,
« La fin promise ou la fin dans les narrations brèves », *La Licorne*, « Brièveté et écriture », n° 21, 1991.

GENETTE G.,
Seuils, chapitre « Les titres » (p. 54) ; chapitre « Les épigraphes » (p. 134), Le Seuil, 1987.

HAMON PH.,
« Clausules », *Poétique*, n° 24, 1975.

MONTANDON A.,
« Le point final d'E. Poe », in *Le Point final*, Actes du colloque de Clermont-Ferrand, 1984.

4. Récurrences

FONYI A.,
« La nouvelle de Maupassant : le matériau de la psychose et l'armature du genre », *Maupassant, miroir de la nouvelle* (colloque de Cerisy, 1986), « L'imaginaire du texte », Presses Universitaires de Vincennes, 1988.

Communications, « Variations sur le thème », 1988.

Poétique, n° 64, novembre 1985, « Du thème en littérature ».

5. Résonances

OZWALD T.,
« La nouvelle mériméenne, entre atticisme et mutisme », *La Licorne*, « Brièveté et écriture », n° 21, 1991.

RICATTE R.,
« Buzzati : les symboles et les vides », *Poétique*, n° 86, avril 1991.

Nouvelles commentées

On a vu à quel point la nouvelle est malléable, apte à traiter toutes les sortes de sujets, en empruntant un nombre de pages variables. Il revient à chaque auteur de réinventer le genre qu'il choisit d'illustrer. Cette marque particulière est le fait des maîtres du récit bref dont nous présentons dans ce chapitre quelques réussites exemplaires accompagnées de commentaires. On reproduira et on étudiera successivement une nouvelle de Maupassant (« La Nuit »), de Kafka (« Le Nouvel Avocat »), de Borges (« La Demeure d'Astérion »), puis celle d'un auteur contemporain moins connu : « L'autre chambre » de Jacques Jouet.

Nous choisissons des exemples de nouvelles brèves (de deux à six pages) pour des raisons de commodité mais aussi de fond. Car les nouvelles les plus brèves mettent en évidence les principales caractéristiques du genre dans son acception contemporaine. Elles disposent un espace où les jeux de relations sont rendus perceptibles : tantôt problématiques, tantôt manifestes, ils sont toujours symptomatiques et ils invitent à l'interprétation. Ils visent à produire un sens, même s'ils ne l'explicitent pas et, en tous cas, ils mettent en place un *effet*. Les différentes analyses que nous présenterons s'intéressent tout particulièrement à ce principe de *convergence*.

I. Guy de Maupassant
« *La Nuit. Cauchemar* »

Cette nouvelle de Maupassant a été publiée dans *Gil Blas*, un quotidien à grand tirage, le 14 juin 1887. Elle a été reprise ensuite dans le recueil intitulé *Clair de Lune* (1889), ce qui ne l'empêchera pas de paraître de nouveau dans *La Vie populaire* le 1er mars 1891. Au cours des années 1880, l'esthétique naturaliste est battue en brèche par des nouveaux venus qui se disent « décadents » et qui assurent la promotion du symbolisme littéraire. Maupassant, tout en s'adressant au public le plus large (le lectorat du journal), semble relever le défi que lance la jeune génération. Le personnage-narrateur de la nouvelle et le cadre où s'accomplit son expérience, se démarquent considérablement de la narration « réaliste ».

« *La Nuit. Cauchemar* »

J'aime la nuit avec passion. Je l'aime comme on aime son pays ou sa maîtresse, d'un amour instinctif, profond, invincible. Je l'aime avec tous mes sens, avec mes yeux qui la voient, avec mon odorat qui la respire, avec mes oreilles qui en écoutent le silence, avec toute ma chair que les ténèbres caressent. Les alouettes chantent dans le soleil, dans l'air bleu, dans l'air chaud, dans l'air léger des matinées claires. Le hibou fuit dans la nuit, tache noire qui passe à travers l'espace noir, et, réjoui, grisé par la noire immensité, il pousse son cri vibrant et sinistre.

Le jour me fatigue et m'ennuie. Il est brutal et bruyant. Je me lève avec peine, je m'habille avec lassitude, je sors avec regret, et chaque pas, chaque mouvement, chaque geste, chaque parole, chaque pensée me fatigue comme si je soulevais un écrasant fardeau.

Mais quand le soleil baisse, une joie confuse, une joie de tout mon corps m'envahit. Je m'éveille, je m'anime. À mesure que l'ombre grandit, je me sens tout autre, plus jeune, plus fort, plus alerte, plus heureux. Je la regarde s'épaissir, la grande ombre douce tombée du ciel : elle noie la ville, comme une onde insaisissable et impénétrable, elle cache, efface, détruit les couleurs, les formes, étreint les maisons, les êtres, les monuments de son imperceptible toucher.

Alors j'ai envie de crier de plaisir comme les chouettes, de courir sur les toits comme les chats ; et un impétueux, un invincible désir d'aimer s'allume dans mes veines.

Je vais, je marche, tantôt dans les faubourg assombris, tantôt dans les bois voisins de Paris, où j'entends rôder mes sœurs les bêtes et mes frères les braconniers.

Ce qu'on aime avec violence finit toujours par vous tuer. Mais comment expliquer ce qui m'arrive ? Comment même faire comprendre que je puisse le raconter ? Je ne sais pas, je ne sais plus, je sais seulement que cela est – Voilà.

Donc hier – était-ce hier ? – oui, sans doute, à moins que ce ne soit auparavant, un autre jour, un autre mois, une autre année, – je ne sais pas. Ce doit être hier pourtant, puisque le jour ne s'est plus levé, puisque le soleil n'a pas reparu. Mais depuis quand la nuit dure-t-elle ? Depuis quand ? … Qui le dira ? qui le saura jamais ?

Donc, hier, je sortis comme je fais tous les soirs, après mon dîner. Il faisait très beau, très doux, très chaud. En descendant vers les boulevards, je regardais au-dessus de ma tête le fleuve noir et plein d'étoiles découpé dans le ciel par les toits de la rue qui tournait et faisait onduler comme une vraie rivière ce ruisseau roulant des astres.

Tout était clair dans l'air léger, depuis les planètes jusqu'aux becs de gaz. Tant de feux brillaient là-haut et dans la ville que les ténèbres en semblaient lumineuses. Les nuits luisantes sont plus joyeuses que les grands jours de soleil.

Sur le boulevard, les cafés flamboyaient ; on riait, on passait, on buvait. J'entrai au théâtre, quelques instants ; dans quel théâtre ? je ne sais plus. Il y faisait si clair que cela m'attrista et je ressortis le cœur un peu assombri par ce choc de lumière brutale sur les ors du balcon, par le scintillement factice du lustre énorme de cristal, par la barrière du feu de la rampe, par la mélancolie de cette clarté fausse et crue. Je gagnai les Champs-Élysées où les cafés-concerts semblaient des foyers d'incendie dans les feuillages. Les marronniers frottés de lumière jaune avaient l'air peints, un air d'arbres phosphorescents. Et les globes électriques, pareils à des lunes éclatantes et pâles, à des œufs de lune tombés du ciel, à des perles monstrueuses, vivantes, faisaient pâlir sous leur clarté nacrée, mystérieuse et royale les filets de gaz, de vilain gaz, sale, et les guirlandes de verres de couleur.

Je m'arrêtai sous l'Arc de triomphe pour regarder l'avenue, la longue et admirable avenue étoilée, allant vers Paris entre deux lignes de feux, et les astres ! Les astres là-haut, les astres inconnus jetés au hasard dans l'immensité où ils dessinent ces figures bizarres, qui font tant rêver, qui font tant songer.

J'entrai dans le Bois de Boulogne et j'y restai longtemps, longtemps. Un frisson singulier m'avait saisi, une émotion imprévue et puissante, une exaltation de ma pensée qui touchait à la folie.

Je marchai longtemps, longtemps. Puis je revins.

Quelle heure était-il quand je repassai sous l'Arc de triomphe ? Je ne sais pas. La ville s'endormait, et des nuages, de gros nuages noirs s'étendaient lentement sur le ciel.

Pour la première fois je sentis qu'il allait arriver quelque chose d'étrange, de nouveau. Il me sembla qu'il faisait froid, que l'air s'épaississait, que la nuit, que ma nuit bien-aimée, devenait lourde sur mon cœur. L'avenue était déserte, maintenant. Seuls, deux sergents de ville se promenaient auprès de la station des fiacres, et, sur la chaussée à peine éclairée par les becs de gaz qui semblaient mourants, une file de voitures de légumes allait aux Halles. Elles allaient lentement, chargées de carottes, de navets et de choux. Les conducteurs dormaient, invisibles, les chevaux marchaient d'un pas égal, suivant la voiture précédente, sans bruit, sur le pavé de bois. Devant chaque lumière du trottoir, les carottes s'éclairaient en rouge, les navets s'éclairaient en blanc, les choux s'éclairaient en vert ; et elles passaient l'une derrière l'autre, ces voitures rouges, d'un rouge de feu, blanches comme un blanc d'argent, vertes d'un vert émeraude. Je les suivis, puis je tournai par la rue Royale et revins sur les boulevards. Plus personne, plus de cafés éclairés, quelques attardés seulement qui se hâtaient. Je n'avais jamais vu Paris aussi mort, aussi désert. Je tirai ma montre. Il était deux heures.

Une force me poussait, un besoin de marcher. J'allai donc jusqu'à la Bastille. Là, je m'aperçus que je n'avais jamais vu une nuit si sombre, car je ne distinguais pas même la colonne de Juillet, dont le génie d'or était perdu dans l'impénétrable obscurité. Une voûte de nuages, épaisse comme l'immensité, avait noyé les étoiles, et semblait s'abaisser sur la terre pour l'anéantir.

Je revins. Il n'y avait plus personne autour de moi. Place du Château-d'Eau, pourtant, un ivrogne faillit me heurter, puis il disparut. J'entendis quelques temps son pas inégal et sonore. J'allais. À la hauteur du faubourg Montmartre un fiacre passa, descendant vers la Seine. Je l'appelai. Le cocher ne répondit pas. Une femme rôdait près de la rue Drouot : « Monsieur, écoutez donc. » Je hâtai le pas pour éviter sa main tendue. Puis plus rien. Devant le Vaudeville, un chiffonnier fouillait le ruisseau. Sa petite lanterne flottait au ras du sol. Je lui demandai : « Quelle heure est-il, mon brave ? »

Il grogna : « Est-ce que je sais ! J'ai pas de montre. »

Alors je m'aperçus tout à coup que les becs de gaz étaient éteints. Je sais qu'on les supprime de bonne heure, avant le jour, en cette saison, par économie ; mais le jour était encore loin, si loin de paraître !

« Allons aux Halles, pensai-je, là au moins je trouverai la vie. »

Je me mis en route, mais je n'y voyais même pas pour me conduire. J'avançais lentement, comme on fait dans un bois, reconnaissant les rues en les comptant.

Devant le Crédit Lyonnais, un chien grogna. Je tournai par la rue de Grammont, je me perdis ; j'errai, puis je reconnus la Bourse aux grilles de fer qui l'entourent. Paris entier dormait, d'un sommeil profond, effrayant. Au loin pourtant un fiacre roulait, un seul fiacre, celui peut-être qui avait passé devant moi tout à l'heure. Je cherchais à le joindre, allant vers le bruit de ses roues, à travers les rues solitaires et noires, noires, noires comme la mort.

Je me perdis encore. Où étais-je ? Quelle folie d'éteindre si tôt le gaz ! Pas un passant, pas un attardé, pas un rôdeur, pas un miaulement de chat amoureux. Rien.

Où donc étaient les sergents de ville ? Je me dis : « Je vais crier, ils viendront. » Je criai. Personne ne me répondit.

J'appelai plus fort. Ma voix s'envola, sans écho, faible, étouffée, écrasée par la nuit, par cette nuit impénétrable.

Je hurlai : « Au secours ! au secours ! au secours ! »

Mon appel désespéré resta sans réponse. Quelle heure était-il donc ? Je tirai ma montre, mais je n'avais point d'allumettes.

J'écoutai le tic-tac léger de la petite mécanique avec une joie inconnue et bizarre. Elle semblait vivre. J'étais moins seul. Quel mystère ! Je me remis en marche comme un aveugle, en tâtant les murs de ma canne, et je levais à tout moment les yeux vers le ciel, espérant que le jour allait enfin paraître ; mais l'espace était noir, tout noir, plus profondément noir que la ville.

Quelle heure pouvait-il être ? Je marchais, me semblait-il, depuis un temps infini, car mes jambes fléchissaient sous moi, ma poitrine haletait, et je souffrais de la faim terriblement.

Je me décidai à sonner à la première porte cochère. Je tirai le bouton de cuivre, et le timbre tinta dans la maison sonore ; il tinta étrangement comme si ce bruit vibrant eût été seul dans cette maison.

J'attendis, on ne répondit pas, on n'ouvrit point la porte. Je sonnai de nouveau ; j'attendis encore, – rien !

J'eus peur ! Je courus à la demeure suivante, et vingt fois de suite je fis résonner la sonnerie dans le couloir obscur où devait dormir le concierge. Mais il ne s'éveilla pas, – et j'allai plus loin, tirant de toutes mes forces les anneaux ou les boutons, heurtant de mes pieds, de ma canne et de mes mains les portes obstinément closes.

Et tout à coup, je m'aperçus que j'arrivais aux Halles. Les Halles étaient désertes, sans un bruit, sans un mouvement, sans une voiture, sans un homme, sans une botte de légumes ou de fleurs. – Elles étaient vides, immobiles, abandonnées, mortes !

Une épouvante me saisit, – horrible. Que se passait-il ? Oh ! mon dieu ! que se passait-il !

Je repartis. Mais l'heure ? l'heure ? qui me dirait l'heure ? Aucune horloge ne sonnait dans les clochers ou dans les monuments. Je pensai : « Je vais ouvrir le verre de ma montre et tâter l'aiguille avec mes doigts. » Je tirai ma montre… elle ne battait plus… elle était arrêtée. Plus rien, plus rien, plus un frisson dans la ville, pas une lueur, pas un frôlement de son dans l'air. Rien ! plus rien ! plus même le roulement lointain du fiacre, – plus rien !

J'étais aux quais, et une fraîcheur glaciale montait de la rivière.

La Seine coulait-elle encore ?

Je voulus savoir, je trouvai l'escalier, je descendis… Je n'entendais pas le courant bouillonner sous les arches du

> pont… Des marches encore… puis du sable… de la vase… puis de l'eau… j'y trempai mon bras… elle coulait… elle coulait… froide… froide… froide… presque gelée… presque tarie… presque morte.
>
> Et je sentais bien que je n'aurais plus jamais la force de remonter… et que j'allais mourir là… moi aussi, de faim – de fatigue – et de froid.

Genre et sous-genre

Il s'agit d'une nouvelle de quelques pages, conforme aux récits brefs qui peuvent être publiés et parcourus en une seule fois. En même temps, les lecteurs les moins exercés risquent d'être déconcertés par les types de récits qui s'entremêlent dans « La Nuit ». Sans doute est-ce la raison pour laquelle l'auteur affecte le titre d'un sous-titre générique : « Cauchemar ».

– Par la mise en place d'un référent précisément délimité et balisé, le récit procède de l'esthétique réaliste.

– Mais par le sous-titre il relève des récits de rêve qui ne sont pas assujettis à la vraisemblance.

– En même temps l'intégralité de l'histoire introduit dans l'esprit du lecteur un doute qui demeure irrésolu : le narrateur rapporte sa propre disparition qui est suggérée sans équivoque dans les dernières lignes. En ce sens la nouvelle relève du genre fantastique.

– Ajoutons à ces différentes composantes que « La Nuit » rapporte une expérience métaphysique sur le mode poétique : à la fois onirique, philosophique – mais peut-être aussi documentaire (il pourrait s'agit du récit d'un malade mental) –, elle nous entraîne dans une « vérité » qui lui est propre, celle de la fiction. Les lumières du boulevard sont reflétées par celles de la voûte céleste : le monde familier de la cité est étroitement associé au « fleuve noir » de l'espace cosmique. De fait, ce récit ne s'embarrasse pas de précautions véristes comme l'indique telle « tricherie » qui mêle à plaisir, dès la deuxième page, les temporalités, le présent du narrateur et le passé de l'événement qu'il relate :

> « Donc hier – était-ce hier ? – oui, sans doute, à moins que ce ne soit auparavant, un autre jour, un autre mois, une autre

année, – je ne sais pas. Ce doit être hier pourtant, puisque le jour ne s'est plus levé, puisque le soleil n'a pas reparu. Mais depuis dans la nuit dure-t-elle ? Depuis quand ? … Qui le dira ? qui le saura jamais ?

Un décor réaliste

Dans un prologue le narrateur pose le cadre dans lequel s'inscrit son aventure : il aime marcher la nuit « tantôt dans les faubourgs assombris », tantôt « dans les bois voisins de Paris ». Par la suite, des informations qui produisent d'innombrables « effets de réel », délimitent avec précision une topographie. Le lecteur peut suivre sur une carte de la capitale (dont la configuration est déjà, à la fin du siècle dernier, celle que nous lui connaissons aujourd'hui) une errance qui l'amène à rencontrer tour à tour un théâtre, des cafés, des transporteurs des Halles, bref, la vie nocturne de la grande ville.

On devine que l'aventure a lieu à la belle saison, qu'elle commence au début d'une soirée et qu'elle se poursuit jusqu'à une heure tardive, indéterminée. Si l'extinction des becs de gaz annonce la venue du jour, la fin de l'histoire semble toujours se dérouler dans les ténèbres.

Sans qu'aucune précision soit donnée à ce sujet, on suppose que le narrateur habite près du centre : c'est en tous cas à partir des grands boulevards qu'il gagne les Champs-Élysées, puis l'Arc de triomphe et le bois de Boulogne. Il passe de nouveau sous l'Arc de triomphe pour s'engager, une fois encore, mais en sens inverse, sur les Grands Boulevards en suivant la rue Royale. Puis il se rend à la Bastille, revient sur ses pas et gagne la place du Château-d'Eau. Il se dirige alors vers le faubourg Montmartre, la rue Drouot puis la Bourse d'où il atteint les Halles. De là il avance vers la Seine. Quand il aborde le quai, il descend les marches d'un escalier et pénètre dans l'eau froide…

Que déduire de cet interminable périple de quelques dizaines de kilomètres, qui comporte une multiplicité d'étapes, toutes disposées sur la rive droite de Paris ? D'abord que les lieux les plus vivants (les Boulevards, les Champs-Élysées, les Halles) alternent avec les plus mornes (le Bois de Boulogne, la Bourse, la Seine). Le narrateur nous entraîne dans le dédale d'une quête sans fin et sans objet : il semble autant fuir la foule que la claustration. Ensuite que les effets de réalité n'imposent nullement un cadre réaliste. Si on situe sans peine chacun des différents lieux du récit, l'itinéraire suivi ne répond à aucun souci de vraisemblance. Les indications temporelles demeurent des plus vagues et le va-et-vient du narrateur ressortit davantage à la déambulation du cauchemar qu'à la pérégrination du promeneur. Autrement dit, le *chronotope* (terme par lequel Bakthine désigne les composantes spatio-temporelles) évoque avec insistance toutes les sortes de lieux réels, connus du lecteur, pour mieux inscrire l'aventure dans un espace onirique ou fantastique, qui ne relève pas de l'expérience ordinaire.

Une transformation simple

En quoi consiste l'action de ce récit ? Les péripéties en sont peu nombreuses. Le narrateur aime marcher la nuit dans les rues de Paris. Peu à peu, à la joie qu'il éprouve succède un sentiment d'inquiétude. Les différentes étapes sont notamment marquées par des informations temporelles qui deviennent incertaines : « il était deux heures » – « Quelles heure est-il, mon brave ? » – « qui me dirait l'heure », etc. Il revient également à divers indicateurs de créer la tension dramatique : « Pour la première fois je sentis… Et tout à coup, je m'aperçus… » En fait, le narrateur accumule les verbes qui scandent l'action : « J'allais donc jusqu'à… », « je me mis en route… », « je courus… », ou qui manifestent son angoisse : « J'appelais plus fort… Je hurlais… J'eus peur. » Toutes ces indications s'organisent selon la logique d'une transformation simple. Celle-ci est présentée dès le début du récit par une phrase qui suggère l'événement à venir :

> « Ce qu'on aime avec violence finit toujours par vous tuer. »

Cette proposition annonce par une *prolepse* (une anticipation) le changement qui advient peu après. Mais surtout elle résume en quelques mots le programme narratif de la nouvelle, qu'on peut présenter de deux manières selon qu'on met en valeur le sujet de l'action (le narrateur) ou l'objet qui le hante (la nuit) :

J'aime la nuit (1)	⟶	Je suis happé par la nuit (2)
La nuit bénéfique (1)	⟶	La nuit maléfique (2)

Le passage de l'état premier (1) à l'état second (2) est annoncé par une deuxième prolepse qui est présentée comme une prémonition. Elle signale le « tournant » principal de l'histoire : « Je sentis qu'il allait arriver quelque chose d'étrange, de nouveau. »

En fonction de cette transformation, les différents moments du récit vont de l'euphorie à l'inquiétude puis au sentiment d'une menace et à l'émergence du néant : « Plus rien, plus rien [...] J'allais mourir là. » Le narrateur fait une expérience qui le mène de la nuit ordinaire et heureuse à l'envahissement de l'être par le néant. Ces moments successifs dessinent une gradation qui distribue de manière antithétique les différentes informations : de la lumière du début aux ténèbres finales, de la chaleur à la froideur, ou encore de la foule suggérée (« on riait, on passait, on buvait ») à des rencontres isolées (deux sergents, un cocher, une prostituée, un chien) puis au vide du dernier épisode : « Les Halles étaient désertées, sans un bruit, sans un mouvement, sans une voiture, sans un homme. »

Répétitions, incantations

L'atmosphère de « La Nuit » est évoquée par des réseaux thématiques de perception, notamment visuelle : la soirée est d'abord lumineuse (feux, lumières, astres) et bientôt ténébreuse (les becs de gaz s'éteignent, le narrateur n'a plus d'allumettes, il marche comme un aveugle, tout est noir). La nouvelle présente une sorte d'hymne à la nuit sous forme de célébration funèbre. Si la clarté règne au début et si les nuits « luisantes » sont dites « plus joyeuses que les grands jours de soleil », c'est à seule fin de provoquer le renversement qui suit.

Toutefois, dès le premier paragraphe, est mis en place un procédé stylistique qui se dissémine dans l'ensemble du récit au point d'en former la structure. Celle-ci sous-tend et renforce les thèmes qu'on a repérés au niveau sémantique (la clarté, les ténèbres – la joie, la peur). Comment se caractérisent les techniques d'expression dans ces premières lignes ? Par des réitérations qui se situent à des niveaux divers :

– d'une part l'anaphore « j'aime » amorce chacune des trois premières phrases ;
– d'autre part la répétition de caractérisations (compléments de circonstance, introduits par la même proposition), prend une valeur incantatoire : « *avec* tous mes sens, *avec* mes yeux »

(cinq occurrences) ; « *dans* le soleil, *dans* l'air bleu » (quatre occurrences) ;

– enfin les énumérations diverses, et notamment d'adjectifs qualificatifs, les mots assemblés en groupes binaires ou ternaires, participent à un lyrisme qu'on rencontre plus souvent dans les poèmes que dans les récits : « d'un amour instinctif, profond, invincible » (ternaire) – « son cri vibrant et sinistre » (binaire).

Ce procédé est reproduit à satiété jusqu'à la fin de la nouvelle sous des formes semblables qui traduisent l'obsession d'une conscience et peut-être son aliénation. Il sature le récit d'autant plus qu'il est renforcé par d'autres réitérations : celle des tours interrogatifs, par exemple, celle des leitmotive portant sur la négativité (« plus personne », « plus rien ») ou sur l'heure (« Je tirai ma montre... elle ne battait plus »). Ceci jusqu'aux derniers mots par lesquels le récit s'achève comme il a commencé : par des anaphores, des redites, des termes regroupés par deux ou par trois :

> « Elle coulait... elle coulait... froide... froide... froide. »
> « de faim – de fatigue – et de froid »

Dans ces quelques pages est donc exploité sous toutes ses formes possibles un procédé bien connu : la *répétition*. Elle permet à Maupassant d'insuffler à son récit un climat émotionnel en articulant au monde extérieur ce qui relève du monde intérieur.

La voix narrative

Que savons-nous du personnage qui prend en charge le récit dans son ensemble ? Peu de choses, à vrai dire, et même à peu près rien, si on se réfère aux caractérisations ordinaires du « héros ». Il habite probablement Paris dont il connaît les méandres. Il possède une montre (qui s'arrête, du reste, juste cette nuit-là). C'est un être sensuel mais également sensible, sans doute « névrosé » car il fuit l'éclat du jour ainsi que ses semblables. Il est vigoureux, capable en tous cas de marcher des heures durant. C'est à peu près tout : ni ses traits physiques ni son âge, ni sa situation sociale, professionnelle ou personnelle ne seront indiqués. Jusqu'au terme de la nouvelle il demeure pour le lecteur non pas un personnage mystérieux mais un être anonyme, un inconnu qui n'existe qu'autant qu'il parle.

L'audace de Maupassant consiste à priver d'identité ce personnage unique alors que l'ensemble du récit procède de son *discours* (récit exprimé à la première personne du singulier). Car il s'agit moins d'une « personne » au sens civil du mot, que d'une « personne » grammaticale et d'une instance narrative. Une voix parle, raconte, témoigne, exprime, sans jamais s'individualiser. Elle s'adresse à un lecteur sous une forme désincarnée. Plus exactement, elle s'incarne dans la mesure où le lecteur la reprend à son propre compte : identification que facilite l'identité indéfinie de cette voix.

Parce qu'elle est pure expression du « je », qu'elle n'énonce aucune personne en particulier, la voix qui raconte, acquiert une amplitude maximale. Chaque lecteur s'approprie l'aventure singulière qu'elle rapporte. La nouvelle transmet ainsi, dans un épisode unique et quelques pages dramatiques, une expérience des limites.

II. Franz Kafka
« Le Nouvel Avocat »

Cette nouvelle d'une quarantaine de lignes distribuées en trois paragraphes a été écrite en 1917 et publiée la même année dans la revue *Marsysas*. Elle sera la première des quatorze « Petits récits » qui composent *Un Médecin de campagne*. On trouve dans ce recueil une autre nouvelle dont le héros est un animal : le singe humanisé qui présente sa « Communication à une Académie ».

« Le Nouvel Avocat » est représentatif d'un type de récits où s'allient le goût de la concentration et de la mystification. Loin de guider son lecteur en lui fournissant les informations qui lui permettent une maîtrise du sens, l'auteur s'ingénie à le désarçonner. Divers procédés participent à un effet de brouillage qui n'exclut pas des suggestions précises. Ce double jeu du témoignage avéré et de la référence invraisemblable, fait de cette nouvelle une petite fable énigmatique.

« *Le Nouvel Avocat* »

Nous avons un nouvel avocat, maître Bucéphale. Peu de choses, dans son aspect extérieur, rappellent le temps où il était encore le cheval de bataille d'Alexandre de Macédoine. Quiconque, cependant, est un peu au courant, ne peut manquer de remarquer certains détails. J'ai même vu récemment sur le perron un huissier de justice sans malice considérer l'avocat d'un air étonné, avec le regard expert d'un petit habitué des courses de chevaux, au moment où celui-ci, levant les cuisses, gravissait les degrés en faisant sonner le marbre.

En général, le Barreau approuve l'admission de Bucéphale. Avec une perspicacité étonnante, on se dit que Bucéphale se trouve dans une situation difficile dans l'organisation actuelle de la société et que, pour cette raison et aussi à cause de l'importance qu'il a eue dans l'histoire universelle, il mérite qu'on lui témoigne de la bienveillance. Aujourd'hui – c'est un fait indéniable – il n'existe plus aucun grand Alexandre. Certains, il est vrai, s'entendent encore à tuer ; il n'est pas rare de trouver certaines gens habiles à frapper un ami d'un coup de lance par-dessus la table d'un banquet ; et pour beaucoup la Macédoine est trop petite et ils maudissent leur père, le roi Philippe –, mais personne ne peut plus mener jusqu'aux Indes. En ce temps-là, déjà, les portes des Indes étaient inaccessibles, mais le glaive du roi pouvait en indiquer du moins la direction. Les portes aujourd'hui ont été déplacées, elles sont ailleurs, bien plus loin et bien plus haut ; personne n'en indique plus la direction : beaucoup de gens tiennent des épées, mais seulement pour les brandir en l'air et le regard qui tente de les suivre a vite fait de s'égarer.

Peut-être donc le mieux est-il de faire comme a fait Bucéphale et de se plonger dans les codes de justice. Libre, ne sentant plus contre ses flancs les cuisses du cavalier, assis près de sa lampe paisible, loin du tumulte de la bataille d'Alexandre, il lit et tourne les pages de nos vieux livres.

Un Artiste de la faim et autres récits,
trad. C. David, Gallimard, 1990, Folio.

Qui parle ?

Le récit est pris en charge par un narrateur qui parle à la première personne du pluriel puis à la première personne du singulier. L'information qu'il donne laisse entendre qu'il appartient au monde de la justice, où il exerce une fonction indéterminée (avocat, juge, assesseur ?). Par la suite le récit comporte plusieurs marques du discours oral : ou bien le narrateur exprime l'opinion du groupe professionnel auquel il appartient probablement (« Le Barreau approuve l'admission de… on se dit que… »), ou bien il réfute les arguments de la rumeur publique : « Aujourd'hui – c'est un fait indéniable… » Dans le dernier paragraphe, il semble présenter en son nom propre la morale de l'histoire : « Peut-être donc, le mieux est-il de… »

Mais pour l'essentiel le narrateur n'a pas de visage précis. Il figure la voix d'une opinion, celle d'un groupe social apte par sa fonction à porter des jugements mesurés sur les cas qui lui sont soumis. Le narrateur parle également en tant qu'homme averti, qui a une expérience de la vie, et en tant qu'homme avisé, doté d'une certaine sagesse. Bref, celui qui rapporte l'histoire est digne de foi à plusieurs titres.

De qui est-il question ?

Le personnage principal est mentionné régulièrement dans la première phrase de chacun des trois paragraphes. Le nouvel avocat, docteur en droit, porte un nom légendaire, celui de la monture d'Alexandre le Grand qui fut, au IVe siècle avant Jésus-Christ, le plus grand civilisateur de l'Antiquité. Mieux encore, le personnage principal *est* effectivement la monture du célèbre conquérant !

Alexandre et son cheval

> Un Thessalien avait présenté au roi Philippe de Macédoine un cheval dont il demandait un prix très élevé. Mais personne ne parvenait à monter l'animal qui se cabrait fougueusement chaque fois qu'on tentait de l'approcher. Philippe s'apprêtait à renvoyer le Thessalien, quand son fils Alexandre, alors âgé de quinze ans, proposa de dompter l'animal. Comme il avait remarqué que celui-ci s'effrayait des mouvements de son ombre, il lui fit faire demi-tour, le plaça face au soleil, l'enfourcha et partit au galop dans la plaine. À son retour, Philippe l'embrassa sous les applaudissements de l'assistance : « Cherche un royaume digne de toi, s'écria-t-il, la Macédoine ne peut te suffire. »

La référence historique est indiquée dans chacun des trois paragraphes de la nouvelle où il est question du père d'Alexandre, le roi Philippe, du cheval Bucéphale et des batailles qui ont conduit le conquérant « jusqu'aux portes des Indes ».

L'événement qui nous est rapporté ramène donc un personnage de l'Histoire (avec une majuscule) à un rôle de la vie ordinaire : aux trivialités de la petite histoire. Toutefois l'arrivée du nouveau venu est notable en raison de l'éclat légendaire qui entoure son nom et des marques physiques qui le particularisent. Son passé chevalin ne passe pas inaperçu car il lève haut les cuisses en marchant et il fait résonner son pas lorsqu'il gravit un escalier. Ces signes caractéristiques sont mentionnés dans le premier paragraphe, mais par la suite, c'est seulement sa personnalité qui est prise en considération. Si bien qu'une fois admise l'identité fabuleuse du nouvel avocat (Bucéphale, l'ancien cheval d'Alexandre, fait désormais partie du barreau), une série de réflexions peut être présentée le plus naturellement du monde.

L'imbrication de deux références

Le récit met en place, simultanément (ceci dès le début), deux références notoirement incompatibles dans le contrat du récit vériste que le titre annonce. La première concerne des événements qui se sont déroulés dans un passé depuis longtemps révolu, au IVe siècle avant Jésus-Christ. La seconde concerne le moment présent dont le narrateur porte témoignage. Se succèdent ainsi des faits d'observation, des remarques de bon sens, et une perception saugrenue des choses. Deux isotopies alternent ou s'entremêlent constamment dans le récit :

– *l'isotopie de la vie quotidienne* (qui prédomine dans le premier et le dernier paragraphe) : avocat, huissier, courses de chevaux, livres, etc. ;

– *l'isotopie de la légende* (qui prédomine dans le second paragraphe) : Alexandre, Bucéphale, Philippe, Macédoine, épées, etc.

Une image de grandeur passée se trouve ainsi réduite à la portion congrue de l'événement d'intérêt local. Néanmoins, dès que le caractère fabuleux du héros est perçu, le lecteur peut admettre que sa personnalité, dans la fiction, n'est pas plus invraisemblable que celle du corbeau amateur de fromage, cher à La Fontaine. De plus, tout est fait pour que l'évocation de Bucéphale s'inscrive dans un contexte qui rend banale son étrangeté. Si bien que le lecteur s'interroge sur les commentaires formulés dans le cours du récit, et qui semblent illustrer un certain nombre de propositions dignes d'intérêt.

Le passé, le présent

Racontée au présent, l'histoire développe une double référence qui, dans le deuxième paragraphe (nettement plus long que les autres, il occupe le centre du triptyque) oppose le monde contemporain au passé de l'Histoire universelle. Le narrateur expose un *topos* (une opinion partagée par un grand nombre de personnes), celui du passé prestigieux que le présent ne parvient pas à égaler :

– *le présent* : « l'ordre actuel de la société », « aujourd'hui » ;

– *le passé* : du temps d'Alexandre, la bataille d'Alexandre.

Les deux époques sont opposées avec insistance : dans l'Antiquité Alexandre le Grand ambitionnait de conquérir le monde et, s'il ne put atteindre les portes des Indes, du moins sut-il en indiquer la direction. Les contemporains, en revanche, ne savent qu'imiter les pratiques de leurs prédécesseurs en oubliant l'idéal sur lequel elles se fondaient. C'est pourquoi ils brandissent leurs armes ou assassinent, sans savoir pour quelles raisons ils agissent ainsi. L'insistance de l'antithèse entre le présent et le passé, incite à considérer la référence au monde contemporain dans un contexte daté. Car cette nouvelle, publiée en 1917, se rapporte, sur le mode de la représentation indirecte, à un événement qui est alors présent à la conscience de tout lecteur : la première guerre mondiale.

La Macédoine dans l'Histoire

Située au nord de la Grèce, la Macédoine a été sous Philippe et Alexandre une puissance dominante, avant de devenir une province romaine au IIe siècle avant Jésus-Christ. Composée d'ethnies et de religions diverses, la Macédoine est au XXe siècle un foyer de conflits où l'Europe tout entière se trouve entraînée. Au cours de la première guerre puis de la deuxième guerre balkanique, s'y affrontent notamment les Turcs, les Bulgares, les Serbes et les Grecs. Bientôt, au cours de la Grande guerre de 1914-1918, l'Entente y combat les Allemands et leurs alliés. Anglais et Français débarquent à Salonique où ils organisent un vaste camp retranché. Ils attaquent les Bulgares puis étendent le front vers l'Albanie. À partir de 1917, ils mènent avec succès une série d'offensives qui les conduiront à la victoire.

C'est donc à l'actualité du moment que cette histoire fait allusion en évoquant tour à tour les hauts faits militaires de jadis et le désarroi de ceux qui s'affrontent dans un conflit interminable et sanglant : « Beaucoup de gens tiennent des épées, mais seulement pour les brandir en l'air et le regard qui tente de les suivre a vite fait de s'égarer. »

Une fable ambiguë

De nombreux termes témoignent d'un souci d'argumentation. Des opinions, des époques, des faits, sont mis en relation à des fins d'antithèse. Les comportements déplorables du temps présent servent de faire valoir à ceux d'un passé prestigieux mais lointain. Les termes qui se font suite, tendent à présenter un certain nombre de vérités, et le récit exploite un abondant appareil argumentatif : des verbes d'opinion (« *remarquer* », « *approuver* », « *témoigner* »), des marqueurs du raisonnement logique (« *cependant* », « *en général* », « *il est vrai* », « *donc* »...) ainsi que des effets de gradation, d'opposition ou d'insistance rhétorique (« *personne, personne* »..., « *certains, beaucoup* », « *personne... beaucoup* »). Le récit construit progressivement un raisonnement qu'il expose avec une grande clarté formelle.

Plus obscur apparaît, en revanche, le contenu de l'argumentation. Si le narrateur concède qu'on sait encore tuer par les temps qui courent, il déplore qu'on ne le fasse plus au nom d'une cause clairement désignée. Selon lui un art de faire la guerre et de tuer son prochain est à jamais perdu (cf. « Ah ! que la guerre était belle ! »). Faute de pouvoir le retrouver, il faut se résoudre à suivre l'exemple de Bucéphale, c'est-à-dire « se plonger dans les codes de justice ».

Cet éloge déconcertant de la guerre ne prend sens (et saveur) qu'une fois connue la pensée de l'auteur. Celle-ci, en effet, se distingue nettement de celle qu'expose le narrateur. Dès la déclaration de la première guerre mondiale, Kafka écrit dans son journal intime : « haine à l'égard des combattants auxquels je souhaite passionnément tout le malheur possible ». Ou encore, à l'occasion de défilés patriotiques : « J'assiste à cela avec mon regard méchant ».

La distorsion entre la position du narrateur et celle de l'auteur permet de discerner des effets d'ironie, des éléments qui relèvent de l'humour et de l'humour noir. Loin d'exposer en clair son horreur, Kafka, par le biais du narrateur, feint de regretter un âge d'or de la guerre... Mais le narrateur et l'auteur s'accordent cependant pour donner en exemple le comportement du nouvel avocat. Dans le dernier paragraphe, en effet, celui-ci adopte une position de non-participation, il se réfugie dans les vieux livres et l'étude des ouvrages de droit. Le lecteur est invité à lire cette nouvelle *entre les lignes* comme une fable sarcastique qui n'expose qu'indirectement le point de vue de l'auteur.

Autrement dit, « Le Nouvel Avocat » comporte deux implicites qui se situent à des niveaux différents. Le premier est historique : alors qu'est mentionnée l'Antiquité, tout laisse entendre qu'est désignée au lecteur l'histoire contemporaine, et tout particulièrement les péripéties de la guerre mondiale. Le second implicite concerne l'opinion de l'auteur : elle se distingue nettement de celle que le narrateur expose dans le second paragraphe. Alors que Kafka ne ressent que haine pour les combats, le narrateur regrette les beaux jours de la guerre, telle que la menait Alexandre en son temps.

Si une telle stratégie de l'implicite ne facilite pas la compréhension du récit, elle le rend déroutant avec quelque profit. D'une part elle sollicite les interrogations du lecteur, d'autre part elle échappe aux lourdeurs de l'édification : aucune « morale » n'est ici exprimée en clair ! Il revient à chaque lecteur d'établir la signification de cette fable ambiguë, à la lumière de ses propres interprétations.

III. Jorge Luis Borges
« *La Demeure d'Astérion* »

Le recueil de J.L. Borges, *L'Aleph* (Gallimard, 1967 ; 1949 pour l'édition originale), comporte deux nouvelles très brèves. La première, « Les deux Rois et les deux Labyrinthes », raconte comment le roi de Babylone humilia le roi des Arabes en l'égarant dans un labyrinthe de son royaume : pour se venger, le roi des Arabes captura le roi de Babylone et l'égara dans le désert « où il n'y a ni escalier à gravir, ni portes à forcer, ni murs qui empêchent de passer ». Le titre de la seconde nouvelle, « La Demeure d'Astérion », fait référence à un fonds mythologique plus indistinct. Le lecteur qui découvre le récit bute sur un certain nombre d'informations qui suggèrent sans l'expliciter un univers fabuleux.

« *La Demeure d'Astérion* »

Et la reine donna le jour à un fils qui s'appela Astérion.
Apollodore, *Bibl.*, III.

Je sais qu'on m'accuse d'orgueil, peut-être de misanthropie, peut-être de démence. Ces accusations (que je punirai le moment venu) sont ridicules. Il est exact que je ne sors pas de ma maison ; mais il est non moins exact que les portes de celle-ci, dont le nombre est infini[1], sont ouvertes jour et nuit aux hommes et aussi aux bêtes. Entre qui veut. Il ne trouvera pas de vains ornements féminins, ni l'étrange faste des palais, mais la tranquillité et la solitude. Il trouvera aussi une demeure

1. Le texte original dit quatorze, mais maintes raisons invitent à supposer que, dans la bouche d'Astérion, ce nombre représente l'infini.

comme il n'en existe aucune autre sur la surface de la terre. (Ceux qui prétendent qu'il y en a une semblable en Egypte sont des menteurs.) Jusqu'à mes calomniateurs reconnaissent qu'il n'y a pas *un seul meuble* dans la maison. Selon une autre fable grotesque, je serais, moi, Astérion, un prisonnier. Dois-je répéter qu'aucune porte n'est fermée ? Dois-je ajouter qu'il n'y a pas une seule serrure ? Du reste, il m'est arrivé, au crépuscule, de sortir dans la rue. Si je suis rentré avant la nuit, c'est à cause de la peur qu'ont provoquée en moi les visages des gens de la foule, visages sans relief ni couleur, comme la paume de la main. Le soleil était déjà couché. Mais le gémissement abandonné d'un enfant et les supplications stupides de la multitude m'avertirent que j'étais reconnu. Les gens priaient, fuyaient, s'agenouillaient. Certains montaient sur le perron du temple des *Haches*. D'autres ramassaient des pierres. L'un des passants, je crois, se cacha dans la mer. Ce n'est pas pour rien que ma mère est une reine. Je ne peux pas être confondu avec le vulgaire, comme ma modestie le désire.

Je suis unique ; c'est un fait. Ce qu'un homme peut communiquer à d'autres hommes ne m'intéresse pas. Comme le philosophe, je pense que l'art d'écrire ne peut rien transmettre. Tout détail importun et banal n'a pas place dans mon esprit, lequel est à la mesure du grand. Jamais je n'ai retenu la différence entre une lettre et une autre. Je ne sais quelle généreuse impatience m'a interdit d'apprendre à lire. Quelquefois, je le regrette, car les nuits et les jours sont longs.

Il est clair que je ne manque pas de distractions. Semblable au mouton qui fonce, je me précipite dans les galeries de pierre jusqu'à tomber sur le sol, pris de vertige. Je me cache dans l'ombre d'une citerne ou au détour d'un couloir et j'imagine qu'on me poursuit. Il y a des terrasses d'où je me laisse tomber jusqu'à en rester ensanglanté. À toute heure, je joue à être endormi, fermant les yeux et respirant puissamment. (Parfois, j'ai dormi réellement, parfois la couleur du jour était changée quand j'ai ouvert les yeux.) Mais, de tant de jeux, je préfère le jeu de l'autre Astérion. Je me figure qu'il vient me rendre visite et que je lui montre la demeure. Avec de grandes marques de politesse, je lui dis : « Maintenant, nous débouchons dans une autre cour », ou : « Je te disais bien que cette conduite d'eau te plairait », ou : « Maintenant, tu vas voir une citerne que le sable a remplie », ou : « Tu vas voir comme bifurque la cave. » Quelquefois, je me trompe et nous rions tous deux de bon cœur.

Je ne me suis pas contenté d'inventer ce jeu. Je méditais sur ma demeure. Toutes les parties de celle-ci sont répétées plusieurs fois. Chaque endroit est un autre endroit. Il n'y a pas un puits, une cour, un abreuvoir, une mangeoire ; les mangeoires, les abreuvoirs, les cours, les puits sont quatorze [sont en nombre infini]. La demeure a l'échelle du monde ou plutôt, elle est le monde. Cependant, à force de lasser les cours avec un puits et les galeries poussiéreuses de pierre grise, je me suis risqué dans la rue, j'ai vu le temple des *Haches* et la mer. Ceci, je ne l'ai pas compris, jusqu'à ce qu'une vision nocturne me révèle que les mers et les temples sont aussi quatorze [sont en nombre infini]. Tout est plusieurs fois, quatorze fois. Mais il y a deux choses au monde qui paraissent n'exister qu'une seule fois : là-haut le soleil enchaîné ; ici-bas, Astérion. Peut-être ai-je créé les étoiles, le soleil et l'immense demeure, mais je ne m'en souviens plus.

Tous les neuf ans, neuf êtres humains pénètrent dans la maison pour que je les délivre de toute souffrance. J'entends leurs pas et leurs voix au fond des galeries de pierre, et je cours joyeusement à leur rencontre. Ils tombent l'un après l'autre, sans même que mes mains soient tachées de sang. Ils restent où ils sont tombés. Et leurs cadavres m'aident à distinguer des autres telle ou telle galerie. J'ignore qui ils sont. Mais je sais que l'un d'eux, au moment de mourir, annonça qu'un jour viendrait mon rédempteur. Depuis lors, la solitude ne me fait plus souffrir, parce que je sais que mon rédempteur existe et qu'à la fin il se lèvera sur la poussière. Si je pouvais entendre toutes les rumeurs du monde, je percevrais le bruit de ses pas. Pourvu qu'il me conduise dans un lieu où il y aura moins de galeries et moins de portes. Comment sera mon rédempteur ? Je me le demande. Sera-t-il un taureau ou un homme ? Sera-t-il un taureau à tête d'homme ? Ou sera-t-il comme moi ?

Le soleil du matin resplendissait sur l'épée de bronze, où il n'y avait plus trace de sang.« Le croiras-tu, Ariane ? dit Thésée, le Minotaure s'est à peine défendu. »

L'Aleph, trad. R. Caillois,
Gallimard, 1967.

Un récit mis en scène

Dès les premières lignes, un certain nombre d'indications confèrent au récit le prestige propre aux histoires consacrées. Il en va ainsi pour la majuscule qui affecte le nom commun « Demeure », pour l'épigraphe empruntée à un ouvrage savant (*Bibliothèque* est attribuée à un érudit grec, Apollodore d'Athènes, qui vécut deux siècles avant Jésus-Christ), ou encore pour la note placée en bas de page, qui interprète une donnée du texte original, ce qui suggère au lecteur espagnol qu'il est en présence d'une traduction (et au lecteur français d'une traduction de traduction). L'interprétation selon laquelle le chiffre quatorze représente l'infini, est rappelée à deux reprises dans la nouvelle. Elle est placée entre crochets, comme dans les éditions savantes dont l'exégèse inscrit un sens que les siècles ont effacé. Autant de marques qui imposent à la fois la vérité du mythe et l'énigme d'une tradition à laquelle le profane ne peut aisément accéder.

Au fur et à mesure que la lecture se poursuit, les indications qui sont données (Apollodore, l'Egypte, le temple des Haches) renforcent l'opacité du texte. Car elles ne permettent pas de répondre aux questions qui se posent : qui est Astérion, quelle est la Demeure qu'il habite ?

La fin du récit livre le mot de l'énigme. Alors que les cinq premiers paragraphes procèdent d'un locuteur qui s'exprime à la première personne du singulier, le sixième et dernier, qui est aussi le plus succinct – il compte deux simples phrases et moins de quatre lignes – procède d'un narrateur qui rapporte l'observation d'un personnage : les noms qui se trouvent alors prononcés permettent de comprendre qui est Astérion (le Minotaure) et, par déduction, quelle est sa demeure (le Labyrinthe). Le changement d'énonciation produit *in fine* une révélation rétroactive : le lecteur doit lire une deuxième fois le monologue d'Astérion pour en comprendre les considérations.

La nouvelle associe les deux panneaux d'un diptyque de manière ingénieuse et inattendue. Ingénieuse, cette conception dispose une ellipse qui laisse au lecteur le soin de discerner quel événement a lieu à la fin de l'avant-dernier paragraphe, quand s'achève le monologue d'Astérion. Inattendue, la dissymétrie charge la partie la plus brève d'une fonction essentielle : elle sert à la fois de clausule et de clef à l'ensemble du texte.

Astérion par lui-même

Le lecteur connaît le héros de ce récit par le discours qu'il tient. Il parle de lui-même d'abord sur le mode de la réfutation ; ensuite en évoquant ses activités, son ascendance ; enfin en mentionnant la visite qui rompt sa solitude une fois tous les neuf ans : rite qui, à l'en croire, préfigure la venue de son « rédempteur ». Que déduit le lecteur de ces réflexions ?

– Astérion semble l'objet d'une vindicte diffuse : il s'acharne à réfuter les assertions de « calomniateurs » qui le considèrent comme prisonnier. Lorsqu'il quitte sa Demeure, il ne discerne dans la foule aucun regard bienveillant. Au contraire, les visages « sans relief » des gens l'effraient, comme le déroutent leurs réactions.

– Il se distingue du commun des mortels car il est l'enfant d'une Reine, ce que confirme l'épigraphe. Fils unique, il a reçu une éducation différente de celle dont jouissent ses pareils : il n'a pas appris à lire.

– Il vit isolé du monde et semble n'être sorti dans la rue qu'une fois (il mentionne à deux reprises cet événement mémorable). On ne lui rend visite que tous les neuf ans et il est voué aux jeux du solitaire.

– Il semble partagé de contradictions : ne sortant pas de sa Demeure, il s'est cependant risqué dans la rue ; jugeant inutile le déchiffrement des textes, il n'en regrette pas moins de ne pas savoir lire ; ne manquant pas de distractions, il se plaint cependant de la longueur des jours et des nuits.

Autant d'affirmations qui plongent le lecteur dans la perplexité. Loin de lui permettre de connaître l'identité du personnage qui parle, elles laissent la porte ouverte à toutes sortes de conjectures. On ne peut exclure en effet qu'Astérion est un mégalomane, un paranoïaque, en proie au délire des grandeurs ou de la persécution. Pris dans les méandres du monologue, le lecteur est invité à s'identifier au héros, ou du moins à adopter son point de vue, sans pouvoir disposer d'une distance critique.

Un récit à double entente

L'un des référents importants du discours d'Astérion donne son titre à la nouvelle : il s'agit de sa propre demeure. Il en fournit une évocation relativement précise, bien qu'énigmatique. Elle est tour à tour mentionnée comme un lieu réel et un espace symbolique. Dans un cas comme dans l'autre, elle apparaît sans commune mesure avec un édifice qui serait familier au lecteur. Elle se compose de terrasses, de galeries de pierre, de cours, de couloirs, et comporte citernes et puits, caves et abreuvoirs. C'est un lieu étrange car inhabité, privé de mobilier, ouvert à tout venant. Mais cette topographie se dédouble dès les premières phrases : le nombre des éléments qui composent la Demeure « représente l'infini », ce qui l'identifie à l'univers. Elle est à l'échelle du macrocosme.

Il faut toutefois attendre les dernières lignes du monologue pour que soit suggéré le mot qui convient à ce type de demeure. Les deux dernières questions dévoilent que le personnage envisage la venue d'un homme ou d'un taureau, ou encore celle d'un être hybride qui serait un taureau à tête d'homme (une variante du centaure), ou un homme à tête de taureau, conforme à sa propre image. Si Astérion est le Minotaure, il habite le Labyrinthe auquel son nom est intimement associé. Ce que confirment aussitôt les dernières lignes de la nouvelle : « Le croiras-tu, Ariane ? dit Thésée, le Minotaure s'est à peine défendu. »

Retardée jusqu'au terme ultime, l'élucidation de l'énigme porte sur l'identité du héros en même temps que sur la particularité de sa demeure. Quant à l'ellipse qui intervient juste avant le dernier paragraphe, elle concerne un épisode connu des exploits de Thésée, roi légendaire d'Athènes. Le texte qui est donné à lire fait référence à un savoir que chacun est censé partager.

Un récit crypté

Mais cette référence est exprimée de manière allusive (ou cryptée), de sorte qu'elle ne peut être perçue que par de rares initiés : ceux qui savent, par exemple, qu'Astérion (ou Asterios) est le nom que portait le Minotaure, que « labyrinthe » vient du mot *labrys* qui signifiait « hache », que sur les monuments du roi Minos figuraient des doubles haches dont on pense qu'elles étaient des symboles solaires... Le lecteur ordinaire – auquel s'adresse ici Borges – ne reconnaît la légende qu'au moment où intervient Thésée qui interpelle Ariane en mentionnant le Minotaure. Le texte qu'on lit s'articule sur un savoir soigneusement dissimulé, qui forme le hors-texte du récit.

Le Minotaure

Homme à tête de taureau, le Minotaure naquit des amours insensées de Pasiphaé, la femme de Minos, roi de Crète, avec un taureau blanc. « Il est satisfaisant, écrit J.L. Borges dans *Le Livre des êtres imaginaires* (« L'Imaginaire », Gallimard), qu'un habitant monstrueux soit au centre d'une maison monstrueuse. »
Minos sacrifiait chaque année des taureaux à Neptune. Une fois, il voulut épargner l'un d'eux, particulièrement beau, et le remplacer par un autre. Pour se venger, Neptune inspira à Pasiphaé une passion pour le taureau dont on l'avait privé. De ce commerce monstrueux naquit le Minotaure qu'on enferma dans un labyrinthe conçu par Dédale à l'image de ceux qu'on construisait en Egypte.
On nourrissait le Minotaure de chair humaine. Les Athéniens, que Minos avait soumis, devaient payer un lourd tribut en envoyant au monstre, tous les neuf ans (ou trois, ou sept, selon les versions) sept jeunes gens et sept jeunes filles. Par deux fois cet impôt sanglant avait été acquitté, lorsque Thésée participa au troisième convoi. Muni d'un fil que lui avait remis Ariane, la fille de Minos et de Pasiphaé, qui s'était éprise de lui, il parvint jusqu'au monstre et l'abattit.

Lecture et relecture

Conçue comme un récit piégé, l'histoire est racontée de telle manière que le lecteur s'y égare. Dès qu'il acquiert la clef de l'énigme (le fil d'Ariane), il réalise qu'il n'a rien compris, ou, plus exactement, qu'il a interprété à contresens une multiplicité d'indices. Il est alors amené à effectuer un deuxième parcours du récit dont la plupart des informations ou des allusions deviennent intelligibles. Mentionnons-en quelques-unes qui portent sur l'identité d'Astérion, sur sa vision des choses, sur la singularité de sa Demeure :

L'identité d'Astérion

« Moi, Astérion » : nom donné au Minotaure par Apollodore d'Athènes. Le lecteur de bonne volonté qui voudrait retrouver le contexte de la citation figurant en épigraphe devra se reporter à un ouvrage difficile d'accès. *Les Trois livres de la Bibliothèque* ou *De l'origine des dieux*, a été traduit en français en 1605 par Jean Passerat. L'ouvrage est destiné « à l'utilité de ceux qui désirent savoir les fables antiques ». Dans le chapitre III, à la page 156, l'auteur raconte comment Dédale construit une vache de bois, creuse et montée sur des roues, où se loge Pasiphaé. Elle est conduite dans un pré que le Taureau avait l'habitude de venir paître : il « la couvrit, pensant que ce fût une vraie et naturelle vache. Astérius en naquit, surnommé le Minotaure, qui avait la face de Taureau et le reste d'homme ». Minos, conseillé par quelques oracles, commanda qu'on le tînt enfermé dans le labyrinthe.

« Ma mère est une reine »

Pasiphaé, reine fabuleuse de Crète, est la fille du soleil (voir ce terme et ce mot-thème dans la nouvelle). Vénus, s'étant irritée de le voir éclairer les amours de Mars et de Pasiphaé, inspira à celle-ci son amour monstrueux.

La vision des choses d'Astérion

« Visages sans relief ni couleur, comme la paume de la main » : il considère les humains en se référant à sa propre image d'homme à tête de taureau. « Peut-être ai-je créé les étoiles » : il semble se souvenir de son ascendance divine (le soleil est également Apollon, fils de Zeus, le dieu des dieux, qui préside à tous les phénomènes célestes).

« Mon rédempteur »

Il a conscience, obscurément, d'une faute, qui est celle de sa mère.

La Demeure d'Astérion

« Ma maison » : les labyrinthes sont des monuments qu'on a cru originaires d'Egypte ; ils étaient, selon Hérodote, consacrés au soleil. Le plus célèbre est celui que Dédale construisit en Crète, pour enfermer le Minotaure. C'était un édifice élevé sur le sol, à ciel ouvert. Une vision enseigne à Astérion que le monde extérieur qu'il découvre en sortant dans la rue est l'homologue de sa Demeure : il comporte des éléments (le temple des Haches, la mer) qui sont en nombre infini : « La demeure a l'échelle du monde, ou plutôt, elle est le monde. »

L'effet de sens

Les mythologies (et, pour le lecteur occidental, plus particulièrement la mythologie gréco-latine) transmettent un corps de récits qu'avère la tradition : les travaux d'Hercule, la mort de Narcisse, etc. En dépit d'innombrables variantes, elles relatent des « vérités » archétypales, hautement précieuses parce que sacrées, exemplaires et significatives (voir M. Éliade, *Aspects du mythe*, chapitre I, « Folio-Idées »).

En rédigeant « La Demeure d'Astérion », Borges exerce une double stratégie du camouflage et du dévoilement : la mise en énigme d'une histoire connue, débouche sur son élucidation finale. La lecture aberrante du monologue d'Astérion s'articule sur un dernier paragraphe qui en suscite une lecture nouvelle, cette fois pertinente. C'est donc à la découverte des deux versions inscrites dans un seul et même texte, que l'auteur nous convie. Le récit qu'on lit est successivement constitué par le discours d'Astérion et la version de la vulgate.

L'auteur prend le parti de relater le mythe du Minotaure en privilégiant le point de vue de la « victime », que la tradition oblitère. La composition de la nouvelle en deux parties fortement contrastées permet de confronter deux visions, et rappelle par là-même qu'un événement, aussi notoire soit-il, est fonction d'un témoignage, d'un discours particulier (« Chacun sa vérité »). Aux yeux du Minotaure, le labyrinthe est un lieu allégorique de l'Univers, les jeunes gens qui lui sont livrés en sacrifice, participent joyeusement à un rite de délivrance. Le savoir d'Astérion diffère radicalement de celui que la tradition nous a transmis, et le lecteur est en droit d'extrapoler en imaginant, par exemple, le point de vue d'Ariane, ou encore celui d'un lecteur étranger à la culture occidentale. Ainsi vole en éclats un récit transmis depuis les origines, et qui s'était constitué en vérité éternelle.

De même que le chiffre quatorze représente l'infini, la version d'Astérion suggère un nombre indéfini de variations qui diffèrent de la version courante dont on pouvait croire qu'elle était fixée une fois pour toutes. On songe à « L'Aleph » (dans le même recueil de Borges) où se concentrent en un seul point tous les éléments de l'univers. Virtuellement, « La Demeure d'Astérion » concentre en ses quelques pages un nombre illimité d'histoires différentes[1].

---

1. On lira sur cette nouvelle de Borges : Laurent Tirouin, « Astérion, ou l'impatience de lire », *Poétique*, n° 55, septembre 1983.

IV. Jacques Jouet
« *L'autre chambre* »

Né en 1947, Jacques Jouet est membre de l'OULIPO (Ouvroir de littérature potentielle) auquel ont collaboré R. Queneau, G. Perec, I. Calvino, parmi d'autres (voir *La Bibliothèque oulipienne*, 3 vol., P. Seghers, 1990). Il a publié de nombreux ouvrages et plaquettes dont un volume complexe qui mêle réflexions et récits, fiction et autobiographie : *Des ans et des ânes*. Il est également l'auteur de recueils de poèmes et de nouvelles : *Le Bestiaire inconstant*, *Romillats* (qui ont paru aux éditions Ramsay). Dans ce dernier volume, le même nom propre – sinon le même personnage – revient dans les différentes nouvelles, ce qui justifie le pluriel marqué par le titre.

« L'autre chambre » est la troisième nouvelle de *Romillats*, elle fait suite à « Romillat disparaît » et partage avec d'autres pièces un certain goût de l'énigme.

« *L'autre chambre* »

À peine a-t-il franchi le sas vitré de la maison un peu close, sous le regard, le grondement canin et scrutateur du réceptionniste qui jauge en un clin d'œil la santé en quelque sorte vénérienne du client, autrement dit l'état de son porte-monnaie ou l'intention bien arrêtée de ne pas entrer pour un suicide, Romillat se fait à chaque fois une réflexion similaire, relève un étrange paradoxe : comment une chambre d'hôtel, au nom de son impersonnalité même, peut-elle représenter le comble de l'intimité ?

Il pressent que la cause de ce paradoxe est à chercher dans un rituel inévitable : avant le bonheur de la chambre, il faut bien traverser les parties communes où l'on doit montrer patte blanche, convaincre le roi des lieux qu'on est inoffensif et finalement détourner de soi son regard.

Pour pallier une crainte vague de ne pas savoir faire ses preuves, Romillat aime mieux réserver sa chambre. À quoi bon, par ailleurs – et c'est la deuxième raison pour laquelle il s'annonce téléphoniquement –, risquer le pire inconvénient d'une arrivée à l'improviste : le moment où le danger est grand de s'entendre dire que la chambre ne sera prête qu'au bout d'une dizaine de minutes.

— Asseyez-vous un moment. Voulez-vous boire quelque chose ?

Qu'est-ce donc que cet endroit, ce lit dans lequel on entre, où quelqu'un d'autre qui ne nous est rien fit marcher sans retenue son usine physique et ses pensées désinvoltes ? Qu'est-ce donc que ce refuge où l'on peut, en dix minutes, faire disparaître toute trace d'un tiers… « avec tous ses abandons » ? pense Romillat dans sa barbe, et confier au nouveau venu, au bout d'une lourde clef, l'adjectif possessif que la vénalité seule autorise, le temps d'une passade, le temps d'une nuit.

— Voici la clef de *votre* chambre, monsieur… C'est au troisième étage.

Romillat est un bon praticien de l'hôtel, un expérimentateur, il tente de ne jamais fréquenter deux fois le même. C'est un collectionneur. Pour rien au monde il ne supporterait qu'on s'avisât de le confondre avec un inspecteur de tel ou tel guide touristique ou du ministère de tutelle.

— C'est bien, je vous remercie…

Tout est en ordre. Le porte-clef a la lourdeur requise pour sa fonction de pense-bête. Tous les bruits sont au rendez-vous : les portes qui grincent, le hoquet de l'ascenseur, la résonance des serrures. Cette composition sonore est probablement concertée. Il faut bien qu'il y ait, dans un lieu public (celui-là l'est vingt-quatre heures sur vingt-quatre !) une certaine transparence. Et le bruit rassure beaucoup de monde, le bruit de l'eau, le bruit d'un lit.

Romillat referme sa porte. Il donne un tour de clef. Et, pour tous ceux qu'il n'invite pas à pénétrer, commence le temps des conjectures.

Pour Romillat, la chambre d'hôtel n'est pas toujours une obligation. Certes, il y entre le plus souvent à l'occasion d'un déplacement professionnel, mais il est évident qu'il en rajoute, qu'il aime arriver en fin d'après-midi dans une ville où il ne travaillera que le lendemain. Il n'est pas rare, même, qu'il rentre à Paris tard le soir – il habite dans la banlieue proche – à seule fin de coucher dans l'autre chambre, la chambre provisoire, plutôt que de rentrer sagement chez lui. Il a besoin d'une nuit tampon.

Romillat se souvient, ainsi, d'un grand nombre d'hôtels où il passa en fantôme. On peut penser que, s'il ne songe pas à changer de femme (ses aventures n'ont jamais été que de courte durée, coupées de longs intervalles ; il ne va pas au-devant), il cède volontiers à l'irrésistible besoin de changer de lit. Il lui faut alors une chambre double, bien que personne ne vienne jamais le rejoindre. Il paye toujours en espèces. Il n'emporte jamais la note. Il ne se fait pas rembourser.

Si son épouse connaissait cette singularité qui, de toute évidence, rend à Romillat la vie meilleure, elle lui dirait, de sa petite voix flûtée :

— Je donnerais cher pour être la petite souris.

La phrase se heurterait à un sourire opaque et confiant, jouissant du mystère : « Tu ne seras jamais la petite souris. »

Romillat est entré dans la chambre. Il a peu de bagages. Il s'installe, tout en inventoriant la liste des détails. Il passe en revue les fonctions de la chambre et les objets qui sont prévus pour en permettre la bonne utilisation. Comme un pilote d'avion avant le décollage, il vérifie que tous les indicateurs fonctionnent et l'examen n'est pas toujours satisfaisant. Ici, la literie n'est pas assez ferme ; là, l'éclairage de chevet est insuffisant ; les cintres, dans la penderie, font squelette. La table de nuit ne doit pas branler, sur laquelle il laisse toujours un petit pourboire.

Si quelque chose cloche, Romillat ne réclame pas. Il observe, enregistre et prend sur lui.

Quand, enfin, il se considère installé, il renfile son pardessus, sa veste seule, si le temps le permet, et sort. S'il n'est pas trop tard, il va faire quelques emplettes, acquérir un objet qui sera lié à cette chambre, à la rue, à ce quartier, à cette ville… un objet périssable : quelques chocolats à la pièce, une bouteille de bière un peu rare, un magazine qu'il laissera sur les lieux ; un vêtement, peut-être, qui aidera un jour à la réminiscence, un cadeau pour ses filles…

Lorsqu'il regagne la chambre, Romillat continue la lente marche de sa pensée. Il refait inlassablement le monde et se raconte des destins. Il se regarde dans une glace, sa carrure et la tenue de sa peau. Il tire le bilan, quant à l'apparence de son corps entièrement nu.

Pendant qu'il est là, il ne fait de tort à personne et ce dont on peut être le plus assuré, c'est qu'il dort merveilleusement bien.

La chambre est enfin le lieu, et le matin suivant le moment, où Romillat, devant le petit-déjeuner qu'on lui porte, prend quelques-unes des décisions les plus graves de son existence. Au premier rang de ces décisions, il faut à chaque fois compter – en tous cas jusqu'à preuve du contraire – celle de retourner vivre à la maison parmi les siens.

Romillats, Ramsay, 1986.

La relation d'un rituel

Le récit amorce, dès les premiers mots (« À peine a-t-il franchi [...] »), une action qui se déroule jusqu'à la fin : après son entrée dans l'hôtel, son installation dans la chambre, le dénommé Romillat, au bout d'un temps de pause et de réflexion, prend une « des décisions graves de son existence ». Itératif, le récit relate une habitude chère, et ce rituel est régulièrement rappelé : « chaque fois... il laisse toujours... il faut chaque fois ». Il dure l'espace d'une nuit et probablement aussi depuis des années, bien qu'aucune indication ne soit donnée à ce sujet. On sait seulement que Romillat est un habitué des chambres d'hôtel dont il a fréquenté un grand nombre. Le temps présent est celui de la répétition qui échappe à la durée telle qu'on la conçoit d'ordinaire par référence à un passé et un avenir. Il s'agit d'un présent qui situe le personnage dans l'habitude, hors du temps.

Cette manie obsessionnelle qui se plaît à retrouver les mêmes impressions et à accomplir les mêmes gestes (s'installer, recenser, acheter un objet dans une boutique proche) est rapportée avec assez de précisions pour donner lieu à une évocation où abondent les choses vues (le grondement canin du réceptionniste), les effets de réel : « le porte-clef a la lourdeur requise [...] », des « chocolats à la pièce ». En quelques phrases sont mis en place un personnage et son aventure, de manière à solliciter le lecteur dans son individualité, son intimité. La troisième personne du singulier se confond ainsi, dès le cinquième paragraphe, avec un « on » et un « nous » plus implicatifs que le « il » :

« Qu'est-ce donc que cet endroit, ce lit dans lequel on entre [...] pense Romillat. »

Le lieu désiré occupe le centre d'intérêt de la nouvelle : préoccupation insistante que manifestent les répétitions du mot « chambre » (affiché par le titre, il est reproduit à plusieurs reprises dans chaque page et figure dans la plupart des paragraphes : on en compte une quinzaine d'occurrences au total), mais aussi ses modulations (« lieu », « endroit ») ou son champ lexical (« hôtel », « maison », « penderie », « table de nuit »). Parmi ces variations d'appellation (« l'autre chambre », « la chambre provisoire »), l'une mérite une attention particulière, celle de « chambre double ».

« La Chambre double » de Baudelaire

« La Chambre double » est le titre de la cinquième pièce du *Spleen de Paris*. Baudelaire y évoque « une chambre véritablement spirituelle » où l'âme prend « un bain de paresse aromatisé par le regret et le désir ». C'est l'espace de la vie intérieure où le rêveur échappe aux aspérités de la vie, à « une infâme concubine » : un lieu de béatitude qui se situe hors du temps. À la fin du poème en prose, le réel fait un retour en force, en apportant sa charge de regrets, d'angoisses, de névroses. À cette conception un tantinet manichéenne qui oppose le « moi » au monde extérieur, J. Jouet préfère le mode mineur et les observations triviales. Mais la référence – qu'elle soit volontaire ou qu'elle trahisse une simple réminiscence – est suffisamment précise pour qu'on soit en droit de considérer que cette nouvelle participe à la déclinaison du thème de l'évasion dans les refuges de la vie intérieure. D'autant que la chambre d'hôtel de Romillat est seconde par rapport à son habitation habituelle et qu'elle ne se dédouble que s'il accède par elle à un ailleurs. La confrontation entre les deux textes éclaire l'esthétique de ce récit qui est celle de l'implicite, du non-dit.

Suggestion et secret

La nouvelle ne renseigne que fort peu sur le personnage de Romillat dont on ignore l'apparence ou la profession : il peut être aussi bien agent d'assurances que représentant de commerce, par exemple. Ce n'est qu'incidemment qu'on apprend qu'il habite la banlieue de Paris, qu'il est marié, ordinairement fidèle à son épouse – plus par apathie, semble-t-il, que par résolution – et père de famille (il songe à acheter des cadeaux « pour ses filles »). Il aime protéger son identité, changeant d'hôtel chaque fois qu'il peut s'y réfugier pour une nuit, réglant en espèces le prix de la chambre où il s'enferme à clef, laissant son épouse dans l'ignorance d'une habitude dont il tire d'autant plus de plaisir qu'elle demeure affaire privée, ignorée de ceux qui le connaissent.

Le narrateur de cette nouvelle dispose d'un important savoir qui lui permet de rendre compte avec minutie des us et coutumes de son personnage. Celui-ci aime réserver la chambre qu'il s'apprête à occuper, il évite de conserver la facture de la somme réglée. Le narrateur connaît ses pensées, comme en témoignent verbes de perception, d'évaluation ou de réflexion : « il pressent », « il se souvient », « il ne supporterait pas », « il refait [...] le monde » ; ceci au point que l'énonciation passe tout naturellement de la troisième à la première personne, en donnant place au style direct : « Qu'est-ce donc que ce refuge [...] ? pense Romillat. » Le point de vue narratif fait alterner l'absence de focalisation et la focalisation interne, les choses sont vues tour à tour par le narrateur et le personnage.

Il reste cependant à préciser que des limites sont imposées au narrateur : bien qu'il dispose d'informations, il lui est en effet interdit de « tout » savoir au sujet de Romillat. Telle assertion hypothétique (« On peut penser que [...] ») témoigne de la volonté de réduire strictement son champ de connaissance afin de préserver l'intimité du héros, ses zones d'ombre. On n'accède de fait à son intériorité que dans ses modalités générales, communes à tout individu. C'est un personnage passe-partout et, quel que soit le point de vue adopté, on ne le connaît qu'en tant que « type » exempt de singularité : « Il refait le monde et se raconte des destins. »

Ainsi est orchestré, avec autant de rigueur que de sobriété, le paradoxe de ce récit : alors que le lecteur partage l'intimité du héros, accède à un rituel soigneusement préservé, il ne parvient jamais à le connaître un tant soit peu, à accéder à son « moi ». Personnage énigmatique, Romillat garde son secret. Le lecteur est dès lors invité à s'abandonner à ses propres supputations : « Et, pour tous ceux qu'il n'invite pas à pénétrer, commence le temps des conjectures. » Il lui revient d'imaginer les raisons d'un comportement qui ne ressortit pas aux usages de la vie conjugale, tels qu'on les admet d'ordinaire.

Tout est fait, en tous cas, pour qu'il s'identifie au personnage, pour qu'il soit amené à le suivre au plus près et à se dire : « Romillat, c'est moi », le temps d'une lecture. Tout est fait également pour qu'à partir d'un certain nombre de considérations banales sur l'anonymat de la clientèle dans les hôtels, le lecteur prenne à son propre compte les manies du héros, pour qu'il les glose et qu'il donne libre cours à ses propres réflexions, supputant par exemple, les implications érotiques d'une pratique qui s'exerce, comme l'indique l'incipit, dans une « *maison un peu close* » (souligné par nous). Tout est fait surtout pour qu'il adhère à la proposition inscrite dans le filigrane du récit, sur la difficulté de vivre au quotidien la vie conjugale et familiale. Plus qu'à engager dans une aventure, « L'autre chambre » invite à méditer sur la vie du couple, sur l'art de s'évader pour survivre.

*

Nous avons demandé à Jacques Jouet de bien vouloir commenter « L'autre chambre » de son point de vue d'auteur. Nous le remercions vivement d'avoir bien voulu se prêter au jeu.

Le commentaire de Jacques Jouet

Pour moi, « L'autre chambre » *est une nouvelle vide : son moment est transitoire, son secret anodin. Elle devrait intéresser par son pouvoir de déception. « Tout le narratif naît du malheur des hommes » (Queneau). C'est incontestable. Donc il faut, de temps à autre, tenter de contredire cette loi, afin peut-être de la vérifier.*

« L'autre chambre » *est une nouvelle calme. Il faut que le lecteur attende un accident qui ne vient pas. C'est une nouvelle lente. C'est une nouvelle courte. Il fallait qu'elle n'ait pas l'air d'y toucher.*

Elle commence par une phrase-paragraphe relativement longue, qui devrait engager le lecteur dans une lecture méditative. C'est aussi pourquoi il n'y a presque pas d'échanges dialogués (le dialogue suivi tend, selon moi, à accélérer la lecture). Les phrases en style direct sont sans réponse, ou après un délai.

C'est une nouvelle au présent. Aujourd'hui, j'en ferais disparaître un imparfait du subjonctif.

Le personnage est béant. Tout peut ici lui arriver d'extraordinaire. Il ne lui arrive rien.

La chambre d'hôtel est paradoxalement un archétype de lieu ouvert, dans sa fermeture même : achat de l'intimité limitée dans le temps et l'espace. Ç'aurait pu être la voiture, mais dans une voiture il n'y a pas de rideaux qu'on peut tirer de l'intérieur.

Le lecteur est la petite souris. Le narrateur, déjà, est la petite souris précisément parce que le personnage féminin, absent, exclu, ne sera jamais la petite souris. Le lecteur lui-même est du côté du secret qu'il partage avec Romillat, enrôlement qui m'était nécessaire dans l'économie du recueil dont la nouvelle fait partie : jusque-là, Romillat était un personnage plutôt repoussant. Là : inoffensif.

« L'autre chambre » *fait partie d'un ensemble intitulé* Romillats *(avec la faute d'orthographe), onze nouvelles où j'explore les virtualités du personnage. De nouvelle à nouvelle, il n'est ni tout à fait le même ni tout à fait un autre. Lui-même, dans* « L'autre chambre », *se raconte des destins.*

Dans le recueil, il y a des nouvelles pleines. Elles sont en écrasante majorité. « L'autre chambre » *va contre elles. Les deux premières du recueil sont des nouvelles pleines. Elle est la troisième dans l'ordre des onze, et la dernière lui fait fortement écho.*

J'aime les œuvres littéraires qui crachent aux deux bassinets du vide et du plein. Lecteur, je me ménage des diptyques explosifs : par exemple lire une nouvelle de Stendhal entre chacun des Trois contes *de Flaubert. Ou alterner Mallarmé, Hugo, Mallarmé, Hugo… Habituellement, les deux en ressortent grandis, leur dessin personnel est encore plus net.*

Jacques Jouet

Annexes

Petite bibliothèque de la nouvelle

Pierre Boncenne dans *La Bibliothèque idéale* (Albin Michel, 1988, p. 248-259), propose une liste des quarante-neuf meilleurs recueils de nouvelles (au lecteur de trouver le cinquantième). À l'image de ce répertoire arbitrairement limité, nous en proposons un qui parfois le recoupe, et que nous limiterons à soixante-quinze titres.

Faut-il préciser que ce genre de sélection révèle autant les prédilections que les ignorances de celui qui l'établit ? C'est pourquoi nous invitons le lecteur à constituer sa propre anthologie : le meilleur choix de nouvelles étant celui que l'on fait pour soi.

A CHENG,
Perdre son chemin (1991), *Chroniques* (1992), éditions de l'Aube.

AKUTAGAWA R.,
Rashomon et autres contes (1918-1927), Gallimard.

ALLAIS A.,
À se tordre (1891), « Bouquins », R. Laffont.

BABEL I.,
Contes d'Odessa (1932), « Folio ».

BARBEY d'AUREVILLY J.,
Les Diaboliques (1874), « Folio ».

BAROCHE C.,
Chambre avec vue sur le passé (1978), Gallimard.

BERBEROVA N.,
L'Accompagnatrice (1982), *Le Mal noir* (1989), *Chroniques de Billancourt* (1992), Actes Sud.

BLIXEN K.,
Le Dîner de Babette et autres nouvelles (1959), « Folio ».

BLOY L.,
Histoires désobligeantes (1984), Mercure de France.

BÖLL H.,
Le Train était à l'heure et autres nouvelles (1949-1954), Folio.

BORGES J.L.,
L'Aleph (1941), « L'Imaginaire », *Fictions* (1944), « Folio », *Le Rapport de Brodie* (1970), « Folio », *Le Livre de sable* (1975), « Folio », Gallimard.

BOULANGER D.,
Le Chemin des caracoles (1966), « Folio », *Mémoire de la ville* (1970), *Le Chant du coq* (1980), « L'Imaginaire », Gallimard.

BOULGAKOV M.,
Cœur de chien et autres nouvelles (1925), « Folio ».

BRADBURY R.,
Chroniques martiennes (1950), Denoël.

BUZZATI D.,
Le K (1966), *Le Rêve de l'escalier* (1971), « Le Livre de poche ».

CALVINO I.,
Cosmicomics (1965), Le Seuil.

CARVER R.,
Tais-toi, je t'en prie, Parlez-moi d'amour (1963-1981), Mazarine.

CERVANTES M. DE,
Nouvelles exemplaires (1613), « Folio ».

CHALAMOV V.,
Kolyma, I, II, III (1981), « Biblio-poche ».

COHEN M.,
Le Grand paon-de-nuit (1990), Gallimard.

CORTAZAR J.,
Nouvelles (1945-1982), Gallimard, *Les Armes secrètes* (1959), *Gîtes* (1964), *Octaèdre* (1974), *Nous l'aimions tant Glenda* (1980), *Heures indues* (1982), Gallimard.

DAUDET A.,
Lettres de mon moulin (1866), *Contes du lundi* (1873), Le livre de poche.

DOYLE C.,
Les Aventures de Sherlock Holmes (1891-1925), « Bouquins ».

Fabliaux du Moyen Âge,
(XIIe et XIIIe siècles), « Folio ».

FAULKNER W.,
Treize histoires (1931), « Folio ».

FITZGERALD F.S.,
Un Diamant gros comme le Ritz (1920-1940), R. Laffont.

FLAUBERT G.,
Trois contes (1877), « Folio ».

GOBINEAU J. A. comte de,
Nouvelles asiatiques (1876), Garnier.

GOGOL N.,
Les Nouvelles pétersbourgeoises (1843), « Le Livre de poche ».

GOYEN W.,
Une Forme sur la ville (1975), Rivages, *Précieuse porte* (1981), Gallimard.

HAWTHORNE N.,
Monsieur du miroir et autres nouvelles (1830-1837), J. Corti.

HEMINGWAY E.,
Nouvelles (1923-1950), Gallimard.

HESSE H.,
Nouvelles (1900-1953), « Bouquins », R. Laffont.

HUYSMANS J.-K.,
Sac au dos (1877), « 10/18 », *La Retraite de Monsieur Bougran* (1888), J.-J. Pauvert.

JAMES H.,
Nouvelles (1864-1888), La Différence, 2 vol.

JOYCE J.,
Gens de Dublin (1914), Folio.

KAFKA F.,
Nouvelles (1909-1924), Bibliothèque de la Pléiade, t. 2.

KAWABATA Y.,
La Danseuse d'Izu (1926), Albin Michel.

KUNDERA M.,
Risibles amours (1968), « Folio ».

La Chatelaine de Vergi,
(XIIIe siècle), « 10/18 ».

LAFORGUE J.,
Moralités légendaires (1887), P.O.L.

LE CLÉZIO J.-M.-G.,
Mondo et autres histoires (1978), *La Ronde et autres faits divers* (1982), « Folio ».

Mac Cullers C.,
La Ballade du café triste (1943), « Biblio-poche ».

Malaparte C.,
Kaputt (1944), *La Peau* (1949), « Folio ».

Manganelli G.,
Aux Dieux ultérieurs (1972), éditions W.

Mansfield K.,
La Garden Party (1923), Stock.

Marie de France,
Lais (XIIe siècle), « Le Livre de poche ».

Maupassant G. de,
Nouvelles (1875-1893), « Bibliothèque de la Pléiade », 2 vol.

Melville H.,
Benito Cereno (1856), « L'Imaginaire », Gallimard.

Mérimée P.,
Mosaïque (1833), *Nouvelles*, éditions Garnier.

Moore L.,
Histoires pour rien (1985), Rivages.

Nabokov V.,
La Vénitienne (1921-1925), Gallimard, *Une Beauté russe* (1922-1940), Julliard, *Mademoiselle O et autres nouvelles* (1958), Julliard.

O'Connor F.,
Les Braves Gens ne courent pas les rues (1953), « Folio », *Pourquoi ces nations en tumulte ?* (1941-1963), Gallimard.

O. Henry,
Nouvelles (1904-1910), Stock ; Clancier-Glénaud.

Paley G.,
Les Petits Riens de la vie (1959), *Plus tard le même jour* (1985), Rivages.

Perret J.,
Le Machin (1955), Gallimard.

Pirandello L.,
Nouvelles pour une année (1894-1937), Gallimard, 15 vol.

Poe E.,
Contes grotesques et arabesques (1840), « Bouquins », R. Laffont.

Pouchkine A.,
La Dame de pique et autres nouvelles (1833), « Folio ».

Rhys J.,
Les Tigres sont plus beaux à voir (1968), Mercure de France.

SALINGER J.D.,
Un jour rêvé pour le poisson-banane (1953), R. Laffont.

SARTRE J.-P.,
Le Mur (1939), « Folio ».

SAUMONT A.,
Quelquefois dans les cérémonies (1981), Gallimard, *Je ne suis pas un camion* (1989), P. Seghers.

SCHULZ B.,
Les boutiques de cannelle (1934), Denoël.

SCHWOB M.,
Cœur double (1891), *Le Livre de Monelle* (1894), *Vies imaginaires* (1896), « 10/18 ».

SINGER I.B.,
Spinoza de la rue du marché et autres nouvelles (1957-1961), R. Laffont.

STENDHAL,
Chroniques italiennes (1829-1839), « Folio ».

TCHEKHOV A.,
Nouvelles (1882-1903), Bibliothèque de la Pléiade, t. I, II et III.

TOLSTOI L.,
Maîtres et serviteurs et autres nouvelles (1886-1904), Garnier-Flammarion.

TOURGUENIEV I.,
Mémoires d'un chasseur (1852), « Folio ».

TRASSARD J.-L.,
Paroles de laine (1969), « L'Imaginaire », Gallimard, *Caloges* (1991), éd. Le Temps qu'il fait.

TWAIN M.,
Contes (1867-1906), Mercure de France.

VILLIERS DE L'ISLE-ADAM,
Contes cruels (1883), *Nouveaux contes cruels* (1888), Garnier.

VOLTAIRE,
Contes (1775), Garnier.

WOOLF V.,
Nouvelles (1917-1939), « La Pochothèque ».

ZWEIG S.,
Nouvelles (1911-1942), « La Pochothèque ».

Bibliographie critique

Textes de référence

ARLAND M.,
« L'Art de la nouvelle », *Le Promeneur*, éd. Le Pavois, 1944.

CHKLOVSKI V.,
« La construction de la nouvelle et du roman » (1929), in *Théorie de la littérature*, traduit du russe par T. Todorov, Le Seuil, 1965.

EIKHENBAUM B.,
« Sur la théorie de la prose » (1927), « Comment est fait "Le Manteau" de Gogol » (1927), *ibid.*

MERTENS P.,
« Faire bref et en dire long », in *Pour la nouvelle*, « L'Heure furtive », éd. Complexe, 1990 (ce recueil hors commerce comprend huit études d'écrivains sur la nouvelle : M. Gazier, J.-F. Josselin, M. Host, J.-J. Brochier, M. del Castillo, A. Zinoviev et M. Tournier. Celle de P. Mertens a été reproduite dans *Le Monde* du 23 mars 1990).

O'CONNOR F.,
« L'Art de la nouvelle » et « Sur mon œuvre » (1962) (*Les Braves Gens ne courent pas les rues*), in *Le Mystère et les mœurs*, Gallimard, 1975 (traduit de l'anglais par A. Simon).

POE E.,
« L'Art du conte, Nathaniel Hawthorne », traduction française inédite de C. Richard et J.-M. Maguin, in *Contes, Essais, Poèmes*, « Bouquins », R. Laffont, 1989.

Ouvrages collectifs

Cahiers de l'Association internationale des études françaises, « La nouvelle en France jusqu'au XVIIIe siècle », n° 18, 1966.

L'École des Lettres, « Aspects de la nouvelle », 15 mars 1982.

La Nouvelle, définitions, transformations, Alluin B., Suard F., Presses Universitaires de Lille, t. 1, 1990.

Nouvelles et nouvellistes au XXe siècle, ibid., t. 2, 1992.

Le Français aujourd'hui, « La Nouvelle », n° 87, septembre 1989.

Maupassant, miroir de la nouvelle (Colloque de Cerisy, 1986), « L'Imaginaire du texte », Presses universitaires de Vincennes, 1988.

Études générales

DELOFFRE F.,
La Nouvelle en France à l'âge classique, Didier, 1967.

ÉTIEMBLE R.,
« Problématique de la nouvelle », *Essais de littérature (vraiment) générale*, Gallimard, 1975.

GODENNE R.,
La Nouvelle française, PUF, 1976.
Études sur la nouvelle française, éd. Slatkine, 1985.

MATHIEU-CASTELLANI G.,
La conversation conteuse. Les Nouvelles de Marguerite de Navarre, « Écrivains », PUF, 1992.

THIEBERGER R.,
Le Genre de la nouvelle dans la littérature allemande, Minard, 1968.

VIEGNES M.,
L'Esthétique de la nouvelle française au XXe siècle, American University Studies, Berne, Peter Lang, 1990.

Études particulières

ANGLARD V.,
Techniques de la nouvelle chez Buzzati, P. Bordas et fils, 1990.

BERG C.,
« Marcel Schwob, le récit bref et l'esprit de symétrie », *La Licorne*, « Brièveté et écriture », n° 21, 1991.

BLIN J.-P.,
« Nouvelle et narration au XXe siècle : la nouvelle raconte-t-elle toujours une histoire ? », in B. Alluin, *La Nouvelle. Définitions, transformations, op. cit.*

FAVRE Y.-A.,
« Mirbeau et l'art de la nouvelle », *O. Mirbeau*, Actes du colloque de l'Université d'Angers, 1992.

GARCIER F.,
« Du nom au genre : le cas de la *short story* », *La Licorne*, « Dynamique des genres », n° 22, 1992.

GOYET F.,
« Nouvelle et presse à la fin du XIXe siècle, quelques jalons », *Littératures*, n° 26, 1992.

MASSOL J.-F.,
« La Nouvelle et le roman-fleuve : à propos de R. Martin du Gard », *Poétique*, n° 81, février 1990.

OZWALD T.,
« La nouvelle mériméenne, entre atticisme et mutisme », *La Licorne*, « Brièveté et écriture », n° 21, 1991.

POUILLOUX J.-Y.,
Fictions de J.L. Borges, « Foliothèque », Gallimard, 1991.

RICATTE R.,
« Buzzati : les symboles et les vides », *Poétique*, n° 86, avril 1991.

Index des auteurs et des œuvres

Collection Lettres Supérieures

Histoire littéraire

Introduction à la vie littéraire du Moyen Âge (BADEL)
Introduction à la vie littéraire du XVIe siècle (MÉNAGER)
Introduction à la vie littéraire du XVIIe siècle (TOURNAND)
Introduction à la vie littéraire du XVIIIe siècle (LAUNAY)
Introduction à la vie littéraire du XIXe siècle (TADIÉ)
Introduction à la vie littéraire du XXe siècle (GERBOD)

Lire

• Les courants

Lire le Romantisme (BONY)
Lire le Réalisme et le Naturalisme (BECKER)
Lire l'Humanisme (LEGRAND)
Lire le Symbolisme (MARCHAL, à paraître en 93)

• Les thèmes

Lire l'Exotisme (MOURA)
Lire les Femmes de Lettres (AUBAUD)

• Les genres

Lire la Nouvelle (GROJNOWSKI)
Lire le Théâtre Contemporain (RYNGAERT)

• Les œuvres

Lire Du côté de chez Swann *de Proust* (FRAISSE)
Lire Nadja *de Breton* (NÉE)
Lire En attendant Godot *de Beckett* (RYNGAERT, à paraître en 93)
Lire Alcools *d'Apollinaire* (HUBERT, à paraître en 93)

Théories et analyses littéraires

Introduction aux grandes théories du roman (CHARTIER)
Introduction aux grandes théories du théâtre (ROUBINE)
Introduction à la poésie moderne et contemporaine (LEUWERS)
Introduction à l'analyse du roman (REUTER)
Introduction à l'analyse du théâtre (RYNGAERT)
Introduction à l'analyse du poème (DESSONS)
Introduction au Surréalisme (ABASTADO)

Les méthodes pour l'analyse des textes

Introduction aux méthodes critiques pour l'analyse littéraire (BERGEZ *et al.*)
Éléments de psychanalyse pour l'analyse des textes littéraires (WIEDER)
Éléments de linguistique pour le texte littéraire (MAINGUENEAU)
Pragmatique pour le discours littéraire (MAINGUENEAU)
Le contexte de l'œuvre littéraire (MAINGUENEAU, à paraître en 93)
Introduction à l'analyse stylistique (SANCIER/FROMILHAGUE)
Éléments pour la lecture des textes philosophiques (COSSUTTA)

Les ouvrages de préparation aux examens et concours

Précis de grammaire pour les concours (MAINGUENEAU)
L'explication de texte littéraire (BERGEZ)
La dissertation littéraire (SCHEIBER)
L'atelier d'écriture (ROCHE)
L'épreuve de littérature comparée (CHAUVIN/CHEVREL, à paraître en 93)
Lexique de latin (CARON)
Les philosophes et le corps (HUISMAN/RIBES)
Éléments de rhétorique et d'argumentation (ROBRIEUX)

Imprimerie GAUTHIER-VILLARS, Paris
Dépôt légal, Imprimeur, n° 3942
Dépôt légal : mai 1993
Imprimé en France